铁路客运实用俄语

主　编　郝　蓓　林　楠
副主编　张　琦　柳博禹
主　审　赵　光　〔俄〕В. Ю. Волкова

人民交通出版社
北京

内 容 提 要

本书采用俄中双语对照的形式编写,基于铁路客运工作场景,以"热身、词汇短语、对话、语法注释、实用句式、练习、拓展阅读"为组织形式,共设置4个模块、14个项目,每一个项目下设置若干个典型工作任务。这些任务涵盖了铁路客运工作的各个方面,包括票务服务、进站安检、候车服务、检票乘车、站台服务、车厢服务等内容。

本书可作为高等职业院校涉外铁路交通运营管理、高铁乘务专业的基础教材,也可供有一定基础的俄语爱好者、旅俄工作和学习人员参考使用。

图书在版编目(CIP)数据

铁路客运实用俄语 / 郝蓓,林楠主编. — 北京：人民交通出版社股份有限公司,2024.12. — ISBN 978-7-114-20051-9

Ⅰ.U293.3

中国国家版本馆 CIP 数据核字第 202409BF52 号

Tielu Keyun Shiyong Eyu

书　　名：	**铁路客运实用俄语**
著 作 者：	郝　蓓　林　楠
责任编辑：	卢晓红
责任校对：	卢　弦
责任印制：	张　凯
出版发行：	人民交通出版社
地　　址：	(100011)北京市朝阳区安定门外外馆斜街3号
网　　址：	http://www.ccpcl.com.cn
销售电话：	(010)85285857
总 经 销：	人民交通出版社发行部
经　　销：	各地新华书店
印　　刷：	北京印匠彩色印刷有限公司
开　　本：	787×1092　1/16
印　　张：	13
字　　数：	320千
版　　次：	2024年12月　第1版
印　　次：	2024年12月　第1次印刷
书　　号：	ISBN 978-7-114-20051-9
定　　价：	55.00元

(有印刷、装订质量问题的图书由本社负责调换)

ПРЕДИСЛОВИЕ 前·言

近年来，中国与俄罗斯及中亚各国的政治、经贸和文化交流日益频繁。在教育领域，截至 2024 年 12 月，经教育部批准的中俄合作办学机构已达 25 家，合作办学项目已达 209 个，其中与轨道交通相关的机构和项目占比超过 20%。因此，编写俄语轨道交通系列教材已成为当务之急。

本书以铁路客运工作场景为编写依据，将学习内容划分为 4 个模块：车站服务、列车服务、重点和应急服务、广播服务。模块一车站服务包括 6 个项目，分别是票务服务、进站安检、候车服务、检票乘车、站台服务和旅游服务，涉及线下购票、支付等 24 个典型工作任务；模块二列车服务包括 4 个项目，分别是欢迎乘车、车厢服务、餐饮服务、下车准备，涉及中国高铁列车型号、中国高铁列车组等 17 个典型工作任务；模块三重点和应急服务包括重点旅客服务和应急服务 2 个项目，涉及轮椅预约、照顾婴儿等 8 个典型工作任务；模块四广播服务包括车站广播和列车广播 2 个项目，涉及安检广播、检票广播等 11 个典型工作任务。每个项目包含知识、能力、素质等学习目标，以及热身、词汇短语、对话、语法注释、实用句式、练习、拓展阅读等学习内容。

本书在编写过程中突出三大特点。首先，内容实用化。教材结合实际工作场景和任务编写，同时融入铁路数字化转型、移动支付、共享经济等时代前沿内容，以满足现实场景下的交际需求。其次，知识系统化。教材内容围绕客运服务流程编排，保证了学习的系统性和完整性。最后，思政教育素材多样化。在每个项目的"拓展阅读"部分，融入了榜样人物、"时代楷模"、科技发展、行业标准和岗位要求等内容，为教师开展思政教育提供了丰富的素材，从而实现知识传授、能力培养、价值塑造的有机统一。

本书各模块间既相对独立，又相互关联，既可作为铁路交通运营管理、高铁乘务专业的专业基础教材，本书可作为高等职业院校涉外铁路交通运营管理、高铁乘务专业的基础教材,也可供有一定基础的俄语爱好者、旅俄工作和学习人员参考使用。

本书由西安铁路职业技术学院郝蓓、吉林铁道职业技术学院林楠任主编,由西安铁路职业技术学院张琦、吉林铁道职业技术学院柳博禹任副主编,由中国铁路西安局集团有限公司赵光和俄罗斯专家 В. Ю. Волкова 任主审。参与编写工作的还有西安铁路职业技术学院王蜀涵、夏婷、刘睿菲,吉林铁道职业技术学院刘红洋,陕西铁路工程职业技术学院陈长在。具体编写分工如下:郝蓓负责模块一的项目一、项目四,模块二的项目三,模块四及全书的统稿工作;刘睿菲负责模块一的项目二、项目三;陈长在负责模块一的项目五;王蜀涵负责模块一的项目六及模块二的项目一;夏婷负责模块二的项目二、项目四;张琦负责模块三。其中,模块一的"拓展阅读"由林楠编写,模块二的"拓展阅读"由刘红洋编写,模块三、模块四的"拓展阅读"由柳博禹编写。

此外,本书在编写过程中,还得到了俄罗斯教师 А. А. Краснояровa, А. П. Коваленко, Л. В. Абрамчикова, А. В. Чехова 的鼎力帮助,以及西安铁路职业技术学院、吉林铁道职业技术学院、中国铁路西安局集团有限公司、人民交通出版社大力支持。在此,向所有为本书顺利出版付出辛勤汗水的校内外领导、专家、老师表示最诚挚的感谢!

由于编者水平有限,书中难免有不妥之处,恳请广大读者批评指正。反馈意见可发送至邮箱 haobeigood@163.com。编者在此再次致以诚挚的谢意!

编 者
2024 年 12 月

Каталог 目·录

Часть 1 Услуги на вокзалах
模块一 车站服务

Проект 1 Продажа билетов 1
项目一 票务服务

Проект 2 Проверка безопасности 16
项目二 进站安检

Проект 3 Обслуживание в зале ожидания 29
项目三 候车服务

Проект 4 Проверка билетов 42
项目四 检票乘车

Проект 5 Обслуживание на платформе 54
项目五 站台服务

Проект 6 Туристическое обслуживание 67
项目六 旅游服务

Часть 2 Обслуживание в поездах
模块二 列车服务

Проект 1 Добро пожаловать в поезд 79
项目一 欢迎乘车

Проект 2 Обслуживание в вагонах 90
项目二 车厢服务

Проект 3 Услуги питания 102
项目三 餐饮服务

Проект 4 Подготовка к высадке 117
项目四 下车准备

Часть 3　Приоритетное обслуживание и экстренные службы 129
模块三　重点和应急服务

　　Проект 1　Приоритетное обслуживание 129
　　项目一　重点旅客服务

　　Проект 2　Экстренные службы 142
　　项目二　应急服务

Часть 4　Служба объявления 154
模块四　广播服务

　　Проект 1　Объявление на вокзалах 154
　　项目一　车站广播

　　Проект 2　Объявление в поездах 171
　　项目二　列车广播

Приложение
附录

　　Транскрипция китайских слогов на русский язык 188
　　汉俄音译表

　　Новые слова 192
　　单词表

Часть 1 模块一

Услуги на вокзалах
车 站 服 务

Проект 1　Продажа билетов

项目一　票 务 服 务

学习目标

◎ 知识目标

(1)掌握关于车票类型的词汇。
(2)掌握票面信息的单词和词组。
(3)掌握购票、付款、退票、改签等情景下的常用表达。

◎ 能力目标

(1)能够帮助旅客购买车票。
(2)能够解答旅客在购票中的各种问题。
(3)能够正确使用礼貌用语。

◎ 素质目标

(1)熟悉票务服务中的相关规定。
(2)具备热情、耐心、专业的岗位职业素养。
(3)了解我国火车票的发展历程,体悟科技强国的重要意义。

Разминка 热身

Сопоставьте картинки со словами. 给下面的词语选择对应的图片。

А

Б

В

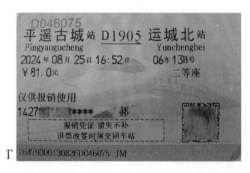
Г

Д

Е

1. расписание отправления 列车时刻表
2. билетная касса 售票处
3. билетный автомат 自动售票机
4. билет на поезд 火车票
5. возврат и обмен билета 退票和改签
6. вагон бизнес-класса 商务车厢

Слова и выражения 词汇短语

билет 票
    билет на поезд 火车票
    билет на самолёт 飞机票
    билет на пароход 船票
    льготный билет 优惠票
    полный билет 全价票
    билет со скидкой 50% 半价票
    билет в один конец 单程票
    билев туда и обратно 往返票
    студенческий билет 学生证
вторая половина дня 下午
поезд 火车
    скорый поезд 普快列车
    скоростной поезд 特快列车
    высокоскоростной поезд 高铁
    номер поезда 车次
подходить/подойти 适合
отправляться/отправиться 发车,开车
отправление 派出,发车
дата отправления 发车日期
прибывать/прибыть 到达,抵达
прибытие 抵达,来到
    дата прибытия 抵达日期
всего 总计,总共
класс 座席,舱位
    первый класс 一等座
    второй класс 二等座
    бизнес-класс 商务座
паспорт 护照
сдача 零钱
проверять/проверить 检查,核对

помогать/помочь (кому-чему) 帮助
оставаться/остаться 留下,剩下
показывать/показать 出示
удостоверение 证明书,证件
    удостоверение личности 身份证
платить/заплатить что за что 支付
    платить наличными 付现金
    платить картой 刷卡
отсканировать [完] 扫描
брать/взять 拿,携带,取
документ 文件,证书,证件
вернуть [完] 归还
    вернуть билет 退票
возврат 退还
    возврат билетов 退票
сбор 手续费;收集;税费
стоимость 价格,价钱,费用
    стоимость билета 票价
    полная стоимость 全价
    общая стоимость 总价
бесплатный 免费的
согласно [前] (чему) 根据,按照
правило 规则
включительно 包含
оплачиваться [未] 支付
успевать/успеть на что 赶得上,来得及
менять/поменять 更换,改变
    поменять билет 改签
обмен билета 改签
ближайший 最近的
устраивать/устроить 对……合适,使满意

проезд 通行,通过
здорово 真好,真棒
Счастливого пути! 一路顺风!
пассажир 旅客
пожилой 上了年纪的人,老人
сотрудник 工作人员

последний 最晚的,最后的
вводить/ввести 领入,带入;输入
пароль 密码
компенсация 抵偿,代偿,补偿
билет для компенсации 报销凭证
при 在……时(接第六格)

Диалоги 对话

任务一 线下购票

— Доброе утро! Я хотел бы купить билет до Пекина.
— На какой день?
— На завтра во второй половине дня.
— Есть скоростной поезд и высокоскоростной поезд, какой вам подойдёт?
— Какой поезд идёт быстрее всего?
— Поезд G58 отправляется в 14:26 и прибывает в 18:37, всего 4 часа 11 минут.
— Тогда дайте мне, пожалуйста, билет на завтрашний поезд G58.
— Какой билет вы хотите? Первый класс, второй класс или бизнес-класс?
— Второй класс. А сколько стоит?
— 577.5 юаней.
— Хорошо, вот деньги и паспорт.
— Вот ваш билет, сдача и паспорт, проверьте, пожалуйста.
— Большое спасибо!
— Пожалуйста.

— 早上好,我想买一张去北京的车票。
— 哪一天的?
— 明天下午的。
— 有特快和高铁,您需要乘坐哪趟车?
— 哪趟车最快?
— G58 次列车,下午 2 点 26 发车,晚上 6 点 37 到,用时 4 小时 11 分。
— 那来一张明天 G58 次的车票。
— 您想要哪种座席?一等座、二等座还是商务座?
— 二等座。多少钱?
— 577.5 元。
— 好的,这是钱和护照。
— 这是您的车票、找零和护照,请核对。
— 非常感谢!
— 不客气。

任务二 支付

— Здравствуйте, чем я могу вам помочь?
— Я хочу купить билет на сегодня для студентов из Сианя до Шанхая.

— 您好,有什么可以帮您?
— 我想买一张今天从西安到上海的学生票。

– Остались только билеты второго класса на поезд G3182. Этот поезд отправляется в 14:36 с Северного вокзала Сианя, это вам подходит? – Да, подходит. – Покажите ваше удостоверение личности и студенческий билет. – Вот. – Как вы будете платить? – Алипей, можно? – Да. 553 юаня, отсканируйте этот QR-код, пожалуйста. – Хорошо. – Возьмите ваш билет и документы. – Спасибо, до свидания. – До свидания.	– 只剩 G3182 这趟车的二等座有余票了。这趟车是 14:36 从西安北发车,可以吗? – 是的,可以。 – 请出示您的身份证、学生证。 – 给您。 – 您怎么支付? – 支付宝,可以吗? – 可以。553 元,请扫码。 – 好的。 – 请收好您的车票和证件。 – 谢谢,再见。 – 再见。

任务三 退票

– Скажите, пожалуйста, могу ли я вернуть билет на завтрашний поезд до Пекина? – Да, можете. Но вам нужно заплатить сбор за возврат 20% от стоимости билета. – Извините, возврат билетов не бесплатный? – Согласно правилам, за 8 дней (включительно) до отправления поезда можно вернуть полную стоимость билета, более чем за 48 часов до отправления поезда нужно платить 5% от стоимости билета, от 24 до 48 часов, оплачивается 10% от стоимости билета. В случае возврата билета до 24 часов оплачивается 20% от стоимости билета. – Хорошо, спасибо. Сейчас понятно. – Покажите ваше удостоверение личности.	– 请问,可以退明天去北京的票吗? – 可以。但是您需要支付原票价 20% 的退票费。 – 不好意思,退票不是免费的吗? – 根据规定,开车前 8 天(含)以上退票的,不收取退票费;开车时间前 48 小时以上的按票价 5% 计,24 小时以上、不足 48 小时的按票价 10% 计,不足 24 小时的按票价 20% 计。 – 好的,谢谢。现在明白了。 – 请出示身份证件。

– Вот. – Возвращаю вам 412.4 юаней. Возьмите ваши деньги.	– 给您。 – 退还您412.4元。请收好您的退款。

任务四　改签

– Я не успел на поезд, могу ли я поменять билет? – Конечно. На какое время вы хотите поменять? – Во сколько ближайший поезд? – В 10：20 есть высокоскоростной поезд, вас устроит? – Да. Нужно ли платить сбор за обмен билета? – За обмен билета на проезд в тот же день не нужно платить сбор. – Здорово, спасибо! – Не за что, счастливого пути!	– 我没有赶上车，可以办理改签吗？ – 当然。您想改签到什么时候？ – 最近的一趟车是什么时候？ – 10：20有一趟高铁，可以吗？ – 可以。需要付改签费吗？ – 改签当日列车不收取改签费。 – 太好了，谢谢！ – 不客气，一路顺风！

Комментарии　语法注释

1. билет до...　到……的票

　　билет из...до...　从……到……的票

①Есть ли билет до Сианя? И лучше всего на 8 часов утра.

有到西安的票吗？最好是早上8点的。

②Я хочу купить 3 билета на поезд G3182 до Шанхая.

我想买3张到上海G3182车次的票。

③Билет на высокоскоростной поезд из Пекина до Шанхая стоит 626 юаней.

北京到上海的高铁票626元。

2. билет на...（какое время）（某时）……的票

①Этот пассажир хочет купить билет на завтра.

这位旅客想买明天的票。

②Иностранные студенты купили билеты на июль.

留学生们买好了7月的票。

③Я купила билет до Москвы на лето.
我买了夏天去莫斯科的票。

3. Дайте кому что 给某人……

①Дайте мне ваш студенческий билет и паспорт.
请给我您的学生证和护照。

②Дайте мне 2 билета до Пекина.
请给我两张到北京的票。

③Дайте мне ближайший билет до Гуанчжоу.
请给我一张最近的去广州的票。

4. ...кому подходит
　　　　　对某人合适
　...кого устраивает

①Время этого высокоскоростного поезда мне подходит.
这趟高铁的时间对我很合适。

②Бизнес-класс слишком дорогой, второй класс меня устроит.
商务座太贵了，我坐二等座就可以。

③Место на первом ряду очень широкое, это подходит пожилым людям.
第一排的座位非常宽敞，这对老人合适。

5. Проверь(те)…请核对……

　　Возьми(те)…请拿好……

　　Покажи(те)…请出示……

以上词汇均为动词第二人称命令式(复数)形式。俄语动词命令式表示说话人祈求或希望发生的动作，有单数和复数之分。当谈话对方是一个人时，命令式用单数形式；当谈话对方是几个人或者表示尊敬时，用复数形式。此外，在表示客气的请求时，可以加入插入语пожалуйста，用逗号与动词命令式隔开。

①Проверьте, пожалуйста, правильно ли написано ваше имя, номер паспорта и поезда.
请核对您的姓名、护照号和车次是否正确。

②Возьмите вашу сдачу, документ и билет.
请拿好您的零钱、证件和车票。

③Покажите мне ваш QR-код платёжа.
请向我展示您的付款码。

6. помочь кому что делать 帮助某人做某事

①Здравствуйте! Чем я могу вам помочь?
您好！请问有什么可以帮您的吗？

②Я не умею покупать билеты на телефоне, вы можете помочь мне?
我不会在手机上买票，您可以帮我吗？

③Ли Хуа часто помогает купить билеты иностранным студентам на сайте www.12306.cn.
李华经常帮留学生在12306网站上买票。

7. кому нужно что делать…需要……

можно(可以),нельзя(禁止,不可能),надо(应该),нужно(需要)等是常见的谓语副词。用在无人称句中,主体用第三格,后接动词原形。

①Здесь нельзя курить.
这里禁止吸烟。

②Мне можно войти?
我可以进吗?

③Вам нужно показать паспорт.
您需要出示护照。

8. согласно чему
　　по чему　　　　　根据,按照
　　в соответствии с чем

①Согласно правилам, вам не надо платить сбор за возврат билета.
根据规定,您不需要支付退票费。

②В соответствии с вашей просьбой, я уже помогла вам поменять билет.
按照您的要求,我已经给您改签了车票。

③Сотрудник отвечает на вопросы пассажиров по правилам железной дороги.
工作人员根据铁路规章解答旅客的相关问题。

9. за…до…在……之前(多久)

①За 48 часов до отправления нет сбора за обмен.
开车前48小时不收改签费。

②Андрей обычно приезжает на вокзал за полчаса до отправления поездов.
安德烈通常在火车发车前半小时到车站。

③За день до отъезда я вам позвоню.
出发前一天我给您打电话。

10. более чем　　менее чем
　　　　　超过　　　　少于
　　более　　　менее

более чем,менее чем 接数词第一格;более,менее 接数词第二格。例如:

①Более 20 человек у билетной кассы.
售票处有20多个人。

②На этом вокзале работает менее чем 50 человек.
这座车站工作人员不到50人。

③Стоимость билета на высокоскоростной поезд из Пекина до Тяньцзиня менее 60 юаней.
北京到天津的高铁票不到60元。

11. успеть на что 来得及，赶得上

①Он встал поздно, поэтому не успел на поезд.
他起晚了，所以没赶上火车。

②Сейчас только 8 часов вечера, ещё успеешь на последний поезд.
现在才晚上8点，你赶得上最后一趟火车。

③Я не успеваю на поезд, мне нужно поменять билет.
我赶不上火车了，需要改签车票。

12. Во сколько…
　　　　　在几点……？
　　В котором часу…

①Во сколько отправляется поезд?
火车几点开？

②Скажите, пожалуйста, в котором часу поезд G88 прибывает на станцию?
请问，G88次列车几点到站？

③Во сколько мы приедем на вокзал?
我们几点到火车站？

Предложения 实用句式

1. Окна 1, 2, 3 - билетные кассы.
1、2、3号窗口为售票窗口。

2. Вам можно купить билет в кассах или в автоматах.
您可以在窗口购票，也可以在自动售票机上购票。

3. Скажите, пожалуйста, куда вы поедете?
请问，您要去哪里？

4. Скажите, пожалуйста, какая дата поездки?
请问，您的乘车日期是？

5. Какой день и номер поезда вы хотите?
您需要哪天哪个车次的票？

6. Любой поезд или конкретный поезд?
哪趟车都行还是有指定的车次？

7. Я хочу купить билет из Сианя до Чэнду на первое октября.
我想买一张10月1日从西安到成都的票。

8. К сожалению, билетов уже нет. На следующий поезд можно?
抱歉，票售完了。下一趟可以吗？

9. Есть билеты на следующий поезд G133.
下一趟有票的是G133次列车。

10. Сколько билетов вы хотите?
您需要几张票？

11. Как вы будете платить?
您怎么支付？

12. Вы можете оплатить через WeChat，Alipay или Union Pay.
您可以选择微信、支付宝或者银联支付。

13. Пожалуйста, введите пароль.
请输入密码。

14. Покажите ваши документы.
请出示您的证件原件。

15. Проверьте вашу информацию.
核对您的个人信息。

16. Проверьте ваше имя, национальность, номер паспорта и номер телефона.
请确认您的姓名、国籍、护照号和电话号码。

17. Сейчас бумажный билет только для компенсации.
现在纸质票仅作为报销凭证使用。

18. Вы можете получить билет для компенсации у билетных касс или в автоматах.
您可以在售票窗口或者自动售票机上获取报销凭证。

19. Если вы хотите вернуть билет, нужно заплатить 5% от стоимости билета.
如果您要退票，将收取 5% 的退票费。

20. 25% скидка для студентов при покупке билетов на высокоскоростные поезда.
学生买高铁票打 75 折。

Упражнения 练习

Упражнение 1. Выберите правильные русские названия для нижнего билета. 为下列火车票面信息选择正确的俄语名称。

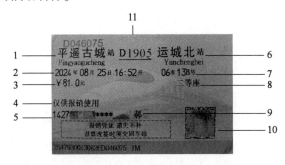

станция отправления	время отправления	номер вагона и места
станция назначения	стоимость билета	имя пассажира
номер поезда	билет для компенсации	класс места
QR-код	номер удостоверения личности	

Упражнение 2. Составьте предложения по образцу. 仿照示例造句。

车次	出发地	出发时间	到达地	到达时间	用时	二等座票价
G7	北京南	10:00	上海虹桥	14:35	4 小时 35 分钟	662 元
G668	西安北	12:05	北京西	16:32	4 小时 27 分钟	547.5 元
G308	成都东	10:56	西安北	14:47	3 小时 51 分钟	263 元
G819	上海虹桥	15:36	广州南	22:30	6 小时 54 分钟	896 元
G6231	广州南	08:03	深圳北	08:40	37 分钟	74.5 元

Образец: **Поезд G7 отправляется из Южного вокзала Пекина в 10:00 и прибывает в Шанхай Хунцяо в 14:35, дорога занимает 4 часа 35 минут, второй класс 662 юаня.**
G7 次列车 10:00 从北京南发车，14:35 到达上海虹桥，用时 4 小时 35 分钟，二等座票价 662 元。

Упражнение 3. Вставьте подходящие предлоги. 请填入适当的前置词。
(1) Я хочу купить билет _____ поезд G133.
(2) Дайте мне билет _____ 15 июля.
(3) Скажите, пожалуйста, есть ли билет _____ Пекина _____ Шанхая.
(4) Дайте мне билет _____ окна.
(5) Я купила билет _____ лето _____ Чэнду.
(6) Нам надо проехать на вокзал _____ 30 минут _____ отправления.

Упражнение 4. Переведите на русский язык словосочетания, данные в скобках. 翻译括号内的词组。
(1) Большинству китайцев нравится путешествовать _____
_____ (乘坐高铁).
(2) _____ (请给我出示) ваш паспорт.
(3) Адрей Петрович _____ (退火车票) в кассе.
(4) Вам можно _____ (改签车票) в интернете.
(5) Мама купила сыну _____ (半价票).
(6) Мне надо заплатить _____ (票价 20%).
(7) _____ (根据规定), дети до 6 лет могут ездить на поезде бесплатно.

Упражнение 5. Перестройте предложения по образцу. 仿照示例变换句子结构。

Образец: Время отправления этого поезда мне подходит.

Время отправления этого поезда меня устраивает.

(1) Время прибытия этого поезда в 5 часов дня, это мне подходит.

(2) Цена второго класса нам подходит.

(3) Температура в вагонах не подходит детям.

(4) Если вы хотите хорошо отдыхать, «Тихий вагон» вам подходит.

(5) Спальный вагон подходит пожилым пассажирам.

Упражнение 6. Русский пассажир Павел хочет купить билет, напишите диалог на примере этого урока. 俄罗斯乘客帕维尔要买一张车票，请根据本课示例编写对话。

Упражнение 7. Переведите следующие предложения на русский язык. 请将下列句子翻译成俄语。

(1) 请给我一张 5 月 2 日从西安到成都的二等座车票。

(2) 请问，最晚一趟车是几点？

(3) 请帮我改签到明天 G87 车次。

(4) 如果您想买半价票，只能选择乘坐普铁硬座。

(5) 由于列车晚点，售票员在帮助外国游客退票。

(6) 请核对您的姓名、身份证号、乘车日期、车次信息是否正确。

▎Чтение 拓展阅读

История железнодорожных билетов

Билеты на поезда в Китае прошли четыре поколения（辈，代）：картонные（硬纸板的）билеты, мягкие бумажные билеты, билеты с магнитным носителем（介质，载体）и безбумажные электронные билеты на поезда.

Первое поколение-картонный билет, который изобрёл (发明) англичанин Томас Эдмондсон в середине XIX века. Он назывался билет Эдмондсона. Этот тип билета использовался (使用) в Китае с 1940-х по 1990-е гг. В то время в кассе стояли деревянные ящики для билетов, информация о поездке и месте печаталась на билете заранее, а дату и время печати кассиры (售票员) при продаже, поэтому продажа одного билета занимала около 3 минуты. Это была трудная работа для кассиров, потому что он должен был знать, где пассажир должен сделать пересадку.

Второе поколение-мягкие бумажные билеты, которые начали использоваться В 1997 году. С 10 декабря 2009 года, штрих-код (一维码, 条形码) на мягком бумажном билете был заменен (替换) на QR-код, в котором указано номер поезда, цена, место продажи, тип билета и другая информация, поэтому скорость продажи билетов стала быстрее.

деревянные ящики для билетов

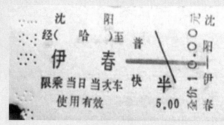
картонный билет

Третье поколение-синий билет с магнитным носителем, который появился 1 июля 2007 года. Он использует магнитный носитель для записи информации о билете и может использоваться в турникетах (自助闸机).

Четвёртое поколение-это безбумажный электронный билет. В июне 2011 года высокоскоростной междугородный（城市间的）поезд Тяньцзинь-Пекин, и высокоскоростной поезд Пекин-Шанхай первыми начали использовать безбумажный билет, пассажирам не надо получать бумажный билет перед поездкой, а можно войти и выйти на станции с помощью ID-карты. В 2024 году Министерство транспорта выпустило документ, согласно которому к концу октября 2024 во всём Китае должны использоваться электронные билеты в пассажирском транспорте. Это означает, что Китайская железная дорога вступит в эру «безбумажных билетов». Электронные билеты сокращают сложный процесс оформления бумажных билетов, экономят расходы（成本）и защищают окружающую среду, а также ускоряют（加速）вход пассажиров на станцию.

Железнодорожный билет стал свидетелем не только изменений времени, но и технологической модернизации（现代化；改进）и социально-экономических перемен на железной дороге Китая.

Ответьте на вопросы по статье. 根据文章内容回答问题。

（1）Сколько поколений развиваются билеты на поезда в Китае?
（2）Какие виды билетов на поезд есть в Китае?
（3）Кто изобрёл картонный билет?
（4）Какая информация хранится в QR-коде?
（5）Какого цвета билет третьего поколения?
（6）Когда Китайская железная дорога вступила в эру «безбумажных билетов»?
（7）Какие преимущества у электронного билета?

火车票的"前世今生"

我国的火车票历经四个发展阶段：纸板车票、软纸车票、磁介质车票、无纸化电子车票。

第一代是纸板火车票，该票样式由英国人托马斯·爱多蒙桑于19世纪中期发明，又被称作爱多蒙桑式客票。这种车票在我国使用时间从20世纪40年代开始至90年代结束。那时售票窗口放置木制售票箱，票面上事先印有行程信息和座位信息，日期和时间由售票员在售票时打印，所以发售一张票大约需要3分钟，这就要求售票员具备较强的业务能力，乘客需要在哪里换乘要做到心中有数。

第二代是软纸火车票，1997年开始使用。2009年12月10日起，软纸车票的一维条码改为二维条码，车次、价格、售出地、购票类型等信息，都加密成二维码打印在票面上，因此出票速度明显加快。

第三代是蓝色磁介质火车票。2007年7月1日开始使用，它利用磁介质记录票面信息，可在自助闸机上使用。

　　第四代是无纸化电子客票。2011年6月，京津城际、京沪高铁率先实行无纸化车票，旅客乘车前不用再换取纸质车票，可直接刷二代身份证进出站。2024年，交通运输部发文，预计本年10月底前我国将基本实现道路客运电子客票全覆盖，这意味中国铁路迈入"无纸化"车票时代。电子车票减去了纸质车票的烦琐过程，节约了成本，保护了环境，同时提高了旅客的进站速度。

　　一张小小的火车票，不仅见证了时代的变迁，也见证了我国铁路的技术提升和社会经济的变革。

Проект 2　Проверка безопасности

项目二　进　站　安　检

学习目标

◎ 知识目标

(1) 掌握安全检查的常用词汇。
(2) 掌握安检仪器的俄语表达。
(3) 掌握进站安检中的常用句式。

◎ 能力目标

(1) 能够提醒旅客进行安全检查。
(2) 能够帮助旅客解决安全检查中的各类问题。
(3) 熟知《铁路旅客运输安全检查管理办法》等相关规定。

◎ 素质目标

(1) 养成依章操作的职业素养。
(2) 树立"预防为主、安全第一"责任意识。
(3) 具备各类突发情况的应急能力。

Разминка　热身

Сопоставьте картинки со словами. 给下面的词语选择对应的图片。

А

Б

В

Г

Д

Е

1. вход 进站口
2. лоток 托盘
3. зона досмотра 安检区域
4. опасный нож 管制刀具
5. павербанк 充电宝
6. салюты и петарды 烟花爆竹

Слова и выражения 词汇短语

порядок 秩序
  всё в порядке 一切正常
проходить/пройти 通过
зона 区域
досмотр 检查, 检验, 安检
  зона досмотра 检查区域, 安检区域
  досмотр багажа 行李检查
  личный досмотр 人身检查

полный досмотр 进一步的检查
выборочный досмотр 随机检查
класть/положить 放置
сканер 安检仪
рюкзак 背包
досматривать/досмотреть 检查, 查验
ценный 贵重的, 宝贵的
лоток 托盘

ворота 门，闸门
    ворота досмотра 安检门
подсказка 提示，提醒
разводить/развести 拉开，分来
повёртываться/повернуться 转身
доставать/достать 取出
жидкость 液体
спешить/поспешить 赶，忙于，急于，着急
бутылка 瓶子
пить/выпить 喝下
глоток （喝，吃）一口
    глоток воды 一口水
хлопотно 麻烦；费事
безопасность 安全
багаж 行李
домашние животные 宠物
перечень 目录，清单
предмет 物品
    металлические предметы 金属物品
    запрещённые предметы 违禁物品
    опасные предметы 危险物品
    ограниченные предметы 限制物品
провоз 运输，运送
запрещаться [未] 被禁止
карантинный 检疫的
сертификат 证明
перевозка 托运
сдавать/сдать 移交，交付
    сдать что в багаж 托运……
    сдать кого-что на перевозку 托运……

оформлять/оформить 办理
чемодан 行李箱
тяжёлый 重的
вещество 物质
    легковоспламеняющиеся вещества 易燃品
    взрывчатые вещества 易爆品
    ядовитые вещества 剧毒品
наступать/наступить 到来，来临
Праздник весны 春节
салют 烟花
выбрасывать/выбросить 扔掉，弃掉
    ведро 桶
мусорное ведро 垃圾桶
провожающий 送行的人
привозить/привезти 捎来，运来
обратно 回，往回
засыпать/заснуть 睡着，熟睡
казахский 哈萨克的
казах 哈萨克人
петарда 爆竹
зажигалка 打火机
максимум 最多
ставить/поставить 放置
прибор 仪器
обнаружение 发现，探测，查出
    прибор для обнаружения опасных жидкостей 危险液体检测仪
кладь 行李
ручная кладь 手提行李
металлоискатель 手持金属检测器

Диалоги 对话

任务一 进站安检

— Доброе утро! Покажите, пожалуйста, ваш паспорт.
— Хорошо.
— Всё в порядке. Проходите в зону досмотра и положите ваш багаж на сканер.
— Рюкзак тоже досматривают?
— Да, и маленькую сумку тоже.
— Но, в сумке есть ценные вещи.
— Можете положить ценные вещи в лоток и пройти через ворота досмотра.
— Хорошо, спасибо за подсказку.
— Не за что. Приятного пути!

— 早上好！请出示您的护照。
— 好的。
— 一切正常。请进入安检区域并将您的行李放在安检仪上。
— 背包也需要过安检吗？
— 是的,还有那个小包。
— 小包里有贵重物品。
— 贵重物品可以放置在托盘内过安检。
— 好的,谢谢提醒。
— 不客气。祝您旅途愉快！

任务二 液体检测

— Разведите руки в стороны… Повернитесь … Достаньте жидкость из вашей сумки для досмотра.
— Извините, я спешу.
— Это очень быстро, вам только нужно достать бутылку для досмотра или выпить глоток.
— Это действительно хлопотно!
— В целях безопасности, прошу вас координировать с сотрудниками и пройти досмотр.
— Ладно.
— Спасибо за понимание. Счастливого пути!

— 请张开双臂……请转身……请取出您包中的液体进行检测。
— 不好意思,我赶时间。
— 非常快的,您只需要将瓶子取出来检测或者喝一口。
— 真的是太麻烦了！
— 安全起见,请您配合工作人员进行检查。
— 好吧。
— 谢谢您的理解。祝您一路顺风！

任务三　活体动物携带

– Здравствуйте! Это ваш багаж?
– Да.
– Извините, в поезде нельзя провозить домашних животных.
– Это мой друг, милый кот, он не опасный.
– Согласно «Перечню предметов запрещённых или ограниченных для перевозки на железной дороге», домашние животные запрещаются.
– А что мне делать?
– Если у вашего кота есть ветеринарный сертификат, можно сдать его на перевозку.
– Хорошо, я сейчас оформлю.

– 您好！这是您的行李吗？
– 是的。
– 不好意思，火车上禁止携带宠物。
– 这是我的朋友，一只可爱的小猫，不会有危险。
– 根据《铁路旅客禁止、限制携带和托运物品目录》，宠物是禁止带上列车的。

– 那怎么办呢？
– 如果您的小猫有检疫证明，可以办理托运。

– 好吧，我这就去办理。

任务四　易燃易爆物品携带

– Вам нужна помощь?
– Здравствуйте! Помогите мне положить чемодан на сканер, он слишком тяжёлый.
– Сейчас.
– Девушка, сканер показывает, что в вашем чемодане легковоспламеняющиеся и взрывчатые вещества.
– Скоро наступит Праздник весны, и я купила салюты.
– Салюты является легковоспламеняющимися, и их нельзя брать в поезд.
– А что мне делать?
– Вы можете выбросить их в мусорное ведро или отдать провожающему.
– Хорошо.

– 您需要帮助吗？
– 您好！请帮我把行李箱放到安检仪上，它太重了。
– 这就来。
– 姑娘，安检仪显示您包里有易燃易爆物品。

– 快过年了，我买了些烟花。

– 不好意思，烟花是易燃物品，不能带上火车。
– 那怎么办呀？
– 您可以把它们丢弃到垃圾桶里或者请送站的朋友带回。
– 好的。

Комментарии 语法注释

1. пройти/проехать（через）что 通过,穿过;行驶(若干距离);错过(站)

带前缀 про- 的运动动词,表示通过、穿过某地时,常接 через 或直接与第四格补语连用;表示经过一段距离时,常直接接第四格补语。例如:

①Пассажиры прошли досмотр.
旅客们通过了安检。

②Вам нужно пройти через этот зал в билетную кассу.
您需要穿过这个大厅到达售票处。

③Поезд уже проехал 270 килолмметров.
火车已经行驶了 270 公里。

④Инкар заснула в поезде, и проехала свою станцию.
茵卡尔在火车上睡着了,错过了站。

2. положить кого-что куда 放置;存入(银行)等

①Пассажиры положили багаж на сканер.
乘客把行李放在了安检仪上。

②Девочка положила паспорт в карман.
小姑娘把护照放进了口袋里。

③Старики положили деньги в банк.
老人们把钱存进了银行。

3. Спасибо кому за что 谢谢……

①Спасибо вам за помощь.
感谢您的帮助。

②Спасибо вам за понимание и сотрудничество.
谢谢理解和配合。

③Спасибо за внимание.
感谢收听。

4. в целях чего 为了……

①В целях безопасности, прошу достать жидкости на досмотр.
为了安全起见,请您取出液体进行检测。

②В целях хорошего отдыха, вчера она выключила телефон.
为了好好休息,她昨天关掉了手机。

③В целях обеспечения порядка на вокзале, прошу пройти досмотр.
为确保车站秩序,请进行安检。

5. запрещаться 被禁止

一些及物动词加-ся 具有被动意义,此时,行为客体做主语,用第一格,行为主体做补语,用第五格。例如：

①Рабочими построился новый вокзал.

工人们修建了新的火车站。

②Здесь курение запрещается.

这里禁止吸烟。

③Эта проблема решилась инженерами.

工程师们解决了这个问题。

6. если…如果……

если 是现实条件从句中常用的连接词，表示可能的或已经实现的条件。

①Если вы хотите вернуть билет, нужно платить сбор за возврат.

如果您想要退票，需要支付退票费。

②Если вышему ребёнку меньше 6 лет, он может бесплатно ездить на поезде.

如果您的孩子不满6周岁，可以免费乘坐火车。

③Если вы опоздали на поезд, можно бесплатно поменять билет на другой поезд того же дня.

如果您没有赶上车，可以免费改签到当天的其他车次。

7. у кого (есть) что 某人有……

у кого нет чего 某人没有……

①У вас есть багаж?

您有行李吗？

②У меня нет бумажного билета, есть электронный билет.

我没有纸质票，有电子票。

③Анна забыла взять паспорт, но у неё есть временное удостоверение личности.

安娜忘带护照了，但是她有临时身份证明。

8. сдать что в багаж 托运……

сдать кого-что на перевозку 托运……

①Вам нужно сдать кота на перевозку.

您需要给猫办理托运。

②Если у вас много чемоданов, можно сдать их в багаж.

如果您有很多行李箱，可以把它们托运。

③В вашем чемодане есть опасный нож, его нельзя сдать в багаж.

您的行李箱里有管制刀具，不能托运。

9. Извините, 抱歉；请问

①Извините, пожалуйста, это ваш чемодан?

请问，这是您的行李箱吗？

②Извините, вы не казах?

请问，您是哈萨克人吗？

③Извините, вы не можете провозить петарды в поезд.

抱歉，您不能将爆竹带上火车。

10. ...показывает, что... 显示……

此句是连接词 что 引出的说明从句。说明从句是对主句中的某个词或词组（常是动词）起补充说明的句子，借助连接词或关联词与主句相连。

что 是说明从句中常见的连接词。连接词 что 引出的说明从句一般是说明主句中表示言语、思维、感知、存在、评价等意义的词，从句的内容是实际存在的事实。例如：

①Сканер показывает, что в вашем чемодане есть 5 зажигалок, но по правилам, вы можете взять максимум 2 зажигалки на одного человека.

安检仪显示您的行李箱中有 5 个打火机，但按规定，一个人最多只能携带 2 个打火机。

②Все знают, что в последнее время досмотр очень строгий на вокзале.

大家都知道，最近火车站安检非常严格。

③Он думает, что сегодня на вокзале не так много пассажиров.

他认为，今天车站人不多。

Предложения 实用句式

1. Покажите ваш паспорт или билет на поезд.

请出示您的证件或车票。

2. Положите ценные вещи в лоток.

贵重物品放在托盘里。

3. Возьмите ваш билет и пройдите через зону досмотра.

请拿好车票进入安检区域。

4. Всем пассажирам надо пройти досмотр.

所有旅客都要过安检。

5. Поставьте весь багаж на сканер.

请把所有行李放在安检仪上。

6. Что у вас в сумке?

您的背包里有什么东西？

7. Откройте вашу ручную кладь, и достаньте повербанк для досмотра.

请打开您的手提包并取出充电宝进行检查。

8. Салюты и петарды входят в перечень легковоспламеняющихся и взрывчатых веществ.

烟花爆竹属于易燃易爆物品。

9. Запрещается брать опасные предметы в вагон поезда.

禁止携带危险物品上车。

10. Если у вашего кота есть ветеринарный сертификат, можно сдать его на перевозку.
如果您的小猫有检疫证明，可以办理托运。

11. Достаньте жидкость из вашей сумки для домотра.
请取出您包里的液体进行检查。

12. Согласно «Перечню предметов запрещённых и ограниченных для перевозки на железной дороге», опасный нож строго запрещается к перевозке в поезде.
根据《铁路旅客禁止、限制携带和托运物品目录》，管制刀具严禁带上车。

13. Поставьте воду в прибор для обнаружения опасных жидкостей.
请把水放在危险液体检测仪上。

14. Вы можете попросить провожающего увезти запрещённые предметы обратно.
您可以请送站的朋友将禁止携带的物品带回。

15. В целях обеспечения безопасности, всем пассажирам надо пройти через досмотр.
为了确保安全，所有旅客必须先安检。

16. Нам надо провести полный досмотр для вас.
我们需要进一步检查。

17. Спасибо за понимание и сотрудничество.
谢谢您的理解与配合。

18. Там мало пассажиров, идите туда.
那边的旅客比较少，请往那边走。

Упражнения 练习

Упражнение 1. Переведите следующие словосочетания. 翻译下列词组。

进行安检_____

危险物品_____

易燃易爆物品_____

人身检查_____

托运行李_____

宠物_____

取出液体_____

检疫证明_____

手提行李_____

违禁物品_____

Упражнение 2. Измените слова в скобках в нужной форме. 将括号中的单词变为适当的形式。

(1) Можно ли сдать _____ (животный) на перевозку?

(2) Молодой человек положил _____ (ручная кладь) на сканер.

(3) Курение здесь _____ (запрещаться).

(4) Пассажиры быстро _____ (проходить) досмотр.

(5) У _____ (моя собака) есть ветеринарный сертификат.

Упражнение 3. Вставьте подходящие предлоги. 请填入适当的前置词。

(1) Спасибо _____ понимание.

(2) Положите вашу сумку _____ лоток.

(3) Проходите _____ ворота досмотра.

(4) Я сдала чемодан _____ багаж?

(5) Нельзя провозить легковоспламеняющиеся вещества _____ вагоне.

Упражнение 4. Составьте слова в предложения. 连词成句。

(1) Некоторый, пассажиры, надо, пройти, выборочный, досмотр
_____

(2) Сотрудник, сказать, девушка, что, она, надо, открыть, чемодан
_____

(3) Магжан, носить, вода, в, руки
_____

(4) Анна, положить, мобильник, в, лоток
_____

(5) Иван, быстро, пройти, через, зона, досмотр
_____

Упражнение 5. Переведите следующие предложения на русский язык. 请将下列句子翻译成俄语。

(1) 请将您的手机放在托盘中。
_____

(2) 您的行李箱中有禁止携带的物品吗？
_____

(3) 您不能把这个液体带上火车。

(4) 请张开双臂！请转身！没问题，您可以走了。

(5) 请从包中取出您的手机。

Упражнение 6. Напишите русские названия следующих приборов. 写出下列安检仪器的俄语名称。

Упражнение 7. Подготовьте диалог по следующей картинке. 根据下列场景，编写对话。

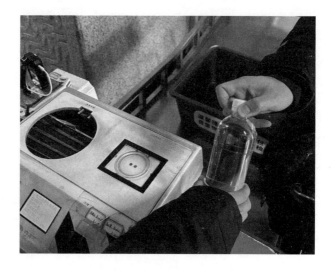

Чтение 拓展阅读

Безопасность—основа развития железнодорожного транспорта

Железнодорожный транспорт является одним из самых популярных и эффективных способов передвижения. А обеспечение безопасности перевозок всегда является главным приоритетом железнодорожного движения. Несоблюдение правила безопасности может привести к серьёзным последствиям.

Основные меры безопасности на железнодорожном транспорте включают в себя:

Организация перевозок. Организация процесса перевозки является одной из ключевых мер обеспечения безопасности. Она включает в себя разработку графиков движения поездов, соблюдение правил эксплуатации железнодорожного транспорта, а также контроль пассажирских и грузовых перевозок.

Техническое состояние поездов и инфраструктуры. В целях обеспечения безопасности на железнодорожном транспорте необходимо уделять внимание техническому состоянию подвижного состава и инфраструктуры. Регулярные технические осмотры и обслуживание поездов, а также ремонт и модернизация железнодорожных путей и сооружений способствуют предотвращению аварийных ситуаций.

Обучение и повышение квалификации персонала. Обеспечение безопасности на железнодорожном транспорте напрямую зависит от профессионализма сотрудников. Регулярное обучение и повышение квалификации работников предприятий железнодорожной отрасли позволяют им эффективно реагировать на нештатные ситуации и предотвращать аварии.

Соблюдение правил техники безопасности. В целях обеспечения безопасности на железнодорожном транспорте необходимо строго соблюдать правила безопасности всеми участниками транспорта, включая пассажиров и работников железнодорожных предприятий. Особое внимание следует уделить соблюдению правил пожарной безопасности, а также правил поведения пассажиров и эксплуатации железнодорожного транспорта.

Организация медицинской помощи. В сфере железнодорожного транспорта функционирует система организации медицинской помощи. На пассажирских поездах предусмотрено обязательное присутствие медицинского персонала и наличие аптечек первой помощи.

В условиях постоянного увеличения эксплуатационного пробега железных дорог, значительного роста рабочей нагрузки и частых экстремальных погодных условий, модернизация системы безопасности на железных дорогах становится приоритетным проектом и общей ответственностью железнодорожников в новую эпоху.

Ответьте на вопросы по статье. 根据文章内容回答问题。

（1）Что являетсяодним из самых популярных и эффективных способ-ов передв-ижения?

（2）К каким серьезным последствиям может привести несоблюдение п-равил безопасности?

（3）Какие основные меры безопасности существуют на железнодо-рожном транспорте?

（4）Что включает в себя правильная организация перевозок?

（5）Как следить за техническим состоянием поездов и инфраструктуры?

（6）С чем неразрывно связана безопасность на железнодорожном транспорте?

（7）Как обеспечить соблюдение правил техники безопасности?

（8）Что обязательно должно быть на пассажирских поездах?

安全是铁路运输发展的生命线

铁路运输是最受欢迎、最高效的旅行方式之一。确保运输安全始终是铁路运营的头等大事。不遵守安全规则要求可能导致严重后果。

基本的铁路运输安全措施包括：

组织运输。运输过程组织是确保安全的关键措施之一。这包括制定列车运行时刻表、遵守铁路运营规则以及监管客运和货运情况。

火车和基础设施的技术状况。为确保铁路运输安全，必须关注列车和基础设施的技术状况。定期对列车进行技术检查和维护，以及对铁路轨道和设施进行维修和现代化改造，有助于防止事故的发生。

工作人员的技能培训。铁路运输安全与工作人员的专业素质密不可分。铁路员工的定期培训和进修，使他们能够对新出现的情况做出迅速反应，防止事故发生。

遵守技术安全规定。为确保铁路运输安全，必须确保乘客和铁路职工在内的所有交通参与者严格遵守安全规定。尤其要注意遵守消防安全规则、乘客行为准则和铁路运营规则。

组织医疗救助。运行铁路运输医疗救助体系，列车上需配备医务人员和急救箱。

在铁路营业里程持续增长、工作量大幅增加、极端天气频发的情况下，加快建设现代化铁路安全保障体系，是一项优先发展项目，更是新时代铁路人共同的责任。

Проект 3　Обслуживание в зале ожидания

项目三　候车服务

学习目标

◎ 知识目标

(1) 掌握关于候车服务的词汇。
(2) 掌握关于问询和指引的常用表达。
(3) 掌握短文词汇和内容。

◎ 能力目标

(1) 能够为旅客提供候车信息。
(2) 能够为旅客进行指引。
(3) 能够回答候车旅客的问题。

◎ 素质目标

(1) 具备爱岗敬业的职业精神。
(2) 养成耐心、友好的职业素养。
(3) 树立文化自信,形成跨文化交际能力。

Разминка　热身

Сопоставьте картинки со словами. 给下面的词语选择对应的图片。

А

Б

В

Г

Д

Е

1. пункт встречи 会合点
2. комната матери и ребёнка 母婴室
3. зал ожидания 候车厅
4. Северный вокзал Сианя 西安北站
5. справочный центр 服务中心
6. комната с кулером 开水间

Слова и выражения 词汇短语

попадать/попасть 来到, 走到

прямо 径直

лифт 直梯

спускаться/спуститься 下来, 下降

налево 向左

рядом с чем 在……旁边

распечатать [完] 打印

    распечатать билет 打印车票

квитанция 收据, 收条, 票据

приложение 应用程序, App

ожидание 等待

    зона ожидания 候车区

    зал ожидания 候车厅

проверка 检查

    проверка билетов 检票

табличка с номером 号码牌

примерно 大约

приводить/привести 领到, 带到

доступ 进入……的许可, 获得……的可能
  доступ к интернету 连接网络
предоставлять/предоставить （кому что）
为……提供……
заряжать/зарядить 充电
  заряжать телефон 给手机充电
дежурный по вокзалу 车站值班员
плакать［未］哭泣
комната матери и ребёнка 母婴室
детская кровать 儿童床
кулер 饮水机
  комната с кулером 开水间
опубликовывать/опубликовать 发布; 刊登
поиск 勘探, 寻找
объявление 通知
  объявление о поиске человека 寻人启事
обращаться/обратиться 找……; 向……提出
справочный 问询的
  справочная услуга 问询服务
  справочный центр пассажиров 旅客服务中心
стойка 柜台
  информационная стойка 信息台
  справочная стойка 咨询台
потеряться［完］丢失, 迷路
волноваться/взволноваться 焦急; 激动

рассказывать/рассказать 讲述
возраст 年龄
внешность 外貌
рост 身高; 身材
светлый 明亮的, 浅色的
голубой 淡蓝色的, 天蓝色的
пункт встречи 会合点
медпункт 医务站
высокоскоростной железнодорожный вокзал 高铁站
беременная 怀孕的
рация 对讲机
экран 屏幕
из-за［前］（чего）因为
эскалатор 扶梯
присматривать/присмотреть （за кем-чем）看管
прыгать/прыгнуть 跳跃
держаться （за кого-что）抓住, 握住
поручень 扶手; 栏杆
трогать/тронуть 触碰
аварийный 紧急的, 应急的, 逃生的
кнопка 按钮
нажимать/нажать 按; 压
экстренный 紧急的, 意外的
стаканчик 小杯子

Диалоги 对话

任务一　路线指引

| - Добрый день! Я купила два билета в Пекин в интернете, и хочу получить бумажный билет для компенсации. | - 中午好! 我在网上买了两张去北京的车票, 想取一下纸质车票报销用。 |

– Билетный автомат находится на первом этаже, там вы можете получить билет для компенсации. – А как мне попасть туда? – Идите прямо к лифту, спуститесь на первый этаж, поверните налево, автомат находится рядом с билетными кассами. Вы можете там распечатать билеты. Вы также можете подать заявку на выдачу электронной квитанции на сайте 12306 или в приложении. – Спасибо за ваш ответ! – Пожалуйста! Счастливого пути!	– 自动售票机在一楼，在那里您就可以取报销凭证。 – 那我怎么过去呢? – 您直走到电梯口，乘电梯下到一楼，然后左转，自动售票机在售票处的旁边。在那里可以打印车票。您也可以通过12306网站或者App申请开具电子发票。 – 谢谢您的建议! – 不用谢! 祝您旅途愉快!

任务二　商务座候车区

– Скажите, пожалуйста, где находится зона ожидания бизнес-класса? – На втором этаже. – Хорошо, спасибо. (В зоне ожидания бизнес-класса) – Здравствуйте! Покажите ваше удостоверение личности, нам нужно проверить информацию вашего поезда. – Вот. – Хорошо, возьмите вашу табличку с номером, и мы проведём вас для проверки билета примерно за 20 минут до отправления поезда. – Спасибо! Можно получить доступ к Wi-Fi? – Да, мы предоставляем бесплатный интернет. И вы можете зарядить телефон и компьютер. – Ага, спасибо.	– 请问商务座候车区在哪里? – 在二楼。 – 好的,谢谢。 (在商务座候车区) – 您好! 请出示您的证件,我们需要查看您的车次信息。 – 给您。 – 好的,请拿好您的号码牌,开车前20分钟左右我们会带您去检票。 – 谢谢! 能用Wi-Fi吗? – 可以,我们提供免费网络。您也可以给手机或电脑充电。 – 嗯,谢谢。

任务三　母婴服务

– Здравствуйте, я дежурный по вокзалу. Я вижу, что ваш ребёнок всё время плачет. Вам нужна помощь? – Возможно, ребёнок хочет спать. – В западной части второго этажа есть комната матери и ребёнка, там детские кроватки и диван. Вы можете с ребёнком отдохнуть там. – Там есть горячая вода? – В комнате матери и ребенка есть кулер с горячей водой. – Как здорово! Я пойду туда.	– 您好，我是车站值班员。我看见您的宝宝一直在哭，需要帮助吗？ – 可能孩子想睡觉。 – 二楼西侧有母婴室，里面有婴儿床和沙发。您可以带宝宝去那里休息。 – 那里有热水吗？ – 母婴室里有饮水机，可以接热水。 – 太好了！我这就去那儿。

任务四　广播寻人

– Простите, где я могу опубликовать объявление о поиске человека? – Вы можете обратиться за помощью на справочную стойку. Вот, напротив. – Хорошо, спасибо. (*На справочной стойке*) – Будьте добры! Можете ли помочь опубликовать объявление? Моя дочка потерялась. – Не волнуйтесь, сейчас найдём! Ваша фамилия и имя? – Меня зовут Елена Петрова. – Как зовут вашу дочку? – Её зовут Надя. – Расскажите мне больше информации, например: возраст, внешность, одежда и т. д. – Ей 6 лет, рост 1.2 метра, длинные светлые волосы, на ней голубое платье. – Можно ваш номер телефона? – 185-673-674-89. – Сейчас мы опубликуем объявление о поиске человека, секунду.	– 请问，哪里可以广播找人？ – 可以去服务台寻求帮助。就在对面。 – 好的，谢谢。 (*在服务台*) – 劳驾！可以帮忙发布一条广播吗？我女儿找不着了。 – 请别着急，我们会找到的！您的姓名？ – 我叫伊莲娜·彼得罗娃。 – 您孩子叫什么？ – 她叫纳佳。 – 请再多告诉我一些信息，例如：年龄、外貌特征、衣着等。 – 她今年6岁，身高1.2米，金黄色的长头发，身穿一条蓝色的连衣裙。 – 您的电话号码是？ – 我的手机号是18567367489。 – 我们马上广播寻人，请稍等。

Комментарии 语法注释

1. Как попасть куда?

    Как проехать куда?

        如何去(某地)？

    Как дойти до чего?

    Как добраться до чего?

如果不知道目的地的位置、距离、使用何种交通工具，提问时可以用动词 попасть, добраться；如果希望步行去某地，提问时可以用动词 попасть, добраться, пройти, дойти；如果希望乘坐交通工具去某地，提问时可以用动词 попасть, добраться, проехать, доехать。例如：

①Скажите, пожалуйста, как попасть в центр города?

请问,如何去市中心？

②Извините, как добраться до вокзала?

请问,怎样去火车站？

③Будьте добры, как пройти в комнату матери и ребёнка?

劳驾,母婴室怎么走？

2. рядом с чем 在……旁边

рядом с 是表示处所的前置词,要求接第五格。表示处所的前置词还有：

(1)接第二格

у 表示"在……旁边"；около 表示"在……附近"；напротив 表示"在……对面"

(2)接第三格

по 表示"沿着","行为进行的地点范围"

(3)接第五格

перед 表示"在……前面"；за 表示"在……后面"；над 表示"在……上面"；под 表示"在……下面"；между 表示"在……中间"

①Подруга ждёт меня у входа вокзала.

朋友在火车站入口等我。

②Пассажиры стоят около дежурного по вокзалу.

乘客们站在车站值班员周围。

③Перед справочной стойкой много людей.

问询台前有很多人。

④Ваша ручная кладь лежит под стулом.

您的手提行李在椅子下面。

⑤Пункт встречи № 16 находится между справочной стойкой и залом ожидания бизнес-класса.

会合点16在问询台和商务座候车区之间。

⑥Мы рано приехали в зал ожидания, и гуляли по магазинам.
我们早早地到了候车厅,逛了商店。

3. находиться где 坐落,位于

①Город Сиань находится на северо-западе Китая.
西安市地处中国的西北地区。

②Колокольная башня находится в центре Сианя.
钟楼位于西安市的中心。

③Билетная касса находится недалеко от входа вокзала.
售票处距离车站入口不远。

4. спускаться/спуститься 下来,下降

①Пассажиры спускались по лестнице на платформу.
乘客从楼梯下到站台。

②Он спустился по эскалатору на первый этаж.
他乘扶梯下到一楼。

③Спуститесь на лифте на минус первый этаж, парковка там.
请乘坐电梯下到负一层,停车场在那里。

5. предоставлять/предоставить кому что 为……提供……

①Справочный центр предоставляет пассажирам информацию о поезде.
服务中心为乘客提供列车信息。

②Сотрудник предоставил беременной место для сидения.
工作人员为孕妇提供了座位。

③Врач предоставил пожилому человеку медицинскую помощь.
医生为老人提供医疗援助。

6. кому нужен(нужна, нужно, нужны) …某人需要……

нужен(阳性),нужна(阴性),нужно(中性),нужны(复数)是形容词 нужный(需要)的短尾形式。使用时,主体用第三格,нужен 与后面名词的性保持一致,表示"某人需要某物"。例如:

①Городу нужен высокоскоростной железнодорожный вокзал.
城市需要一座高铁站。

②Беременной женщине нужна наша помощь.
孕妇需要我们的帮助。

③Ребёнку нужно сухое молоко.
孩子需要奶粉。

④Дежурным по вокзалу нужны рации.
车站值班员们需要对讲机。

7. обратиться куда за чем 向……寻求……

①Вы можете обратиться за помощью в справочный центр.

您可以到服务中心寻求帮助。

②Пожилой человек обратится за помощью в медпункт.

老人向医疗站寻求帮助。

③Пассажиры обратились за советом к сотруднику.

旅客们向工作人员寻求建议。

8. кто какого роста 某人身高……

  чей рост какой

①Какого роста ваша дочка？

您女儿身高多少？

②Он среднего роста.

他中等身高。

③Рост начальника проводников около 180 сантиметров.

列车长的身高大约是一米八。

Предложения 实用句式

1. Вы можете найти нужную информацию на сайте 12306.cn.

您可以在12306.cn网站上查询相关信息。

2. Справочная стойка находится на первом этаже в центре зала ожидания.

咨询台在一楼候车大厅中央。

3. Зона для курения находится в юго-западном углу зала ожидания.

候车大厅的西南角设有吸烟区。

4. На вокзале предоставляется бесплатный интернет, вы можете получить доступ к Wi-Fi с ноутбука или телефона.

车站提供免费网络，您可以用手机或笔记本连接Wi-Fi上网。

5. На электронном экране показывают информацию о поездах.

电子屏上显示有列车信息。

6. Уважаемый Борис Сергеевич, ваш друг ждёт вас у справочной стойки.

尊敬的鲍里斯·谢尔盖耶维奇，您的朋友在咨询台等您。

7. Ваш поезд прибывает на Северный вокзал Сианя в 12:30.

您的列车将于12点30分到达西安北站。

8. Поезд опаздывает на 30 минут из-за плохой погоды, ждите дополнительной информации в зале ожидания.

列车因为天气原因晚点30分钟,请大家在候车厅等候后续消息。

9. Время отправления поезда остаётся неопределённым.

列车发车时间还未确定。

10. Стоянка поезда на этой станции 10 минут.

火车在本站停留10分钟。

11. Идите прямо до конца, потом налево, и вы увидите кафе.
请走到头,然后左转,您就可以看见小吃店了。

12. Зона ожидания бизнес-класса находится за пунктом встречи № 16.
商务座候车区在会合点 16 的后面。

13. Я пойду в комнату с кулером за горячей водой, помогите мне присмотреть за багажом, пожалуйста.
我去开水间接杯热水,请帮我看管一下行李。

14. Мой телефон сел, скажите, где можно зарядить его?
我的手机没电了,请问哪里可以充电?

15. Спуститесь в зал ожидания на эскалаторе.
请乘坐扶梯下楼去往候车厅。

16. Не бегайте и не прыгайте на эскалаторах, держитесь за поручень.
请不要在扶梯上奔跑、跳跃,请抓好扶手。

17. Не трогайте красную аварийную кнопку на эскалаторах, нажимать только в экстренной ситуации.
请不要触碰扶梯上的红色紧急按钮,它只能在紧急情况下使用。

18. Рядом с кулером есть бумажные стаканчики.
饮水机旁边有小纸杯。

Упражнения 练习

Упражнение 1. Переведите следующие словосочетания. 翻译下列词组。

高铁站＿＿＿＿＿＿＿＿＿＿＿＿＿＿＿＿＿＿＿＿＿＿
咨询台＿＿＿＿＿＿＿＿＿＿＿＿＿＿＿＿＿＿＿＿＿＿
失物招领处＿＿＿＿＿＿＿＿＿＿＿＿＿＿＿＿＿＿＿＿
商务座候车区＿＿＿＿＿＿＿＿＿＿＿＿＿＿＿＿＿＿＿
母婴室＿＿＿＿＿＿＿＿＿＿＿＿＿＿＿＿＿＿＿＿＿＿
红色紧急按钮＿＿＿＿＿＿＿＿＿＿＿＿＿＿＿＿＿＿＿
上网＿＿＿＿＿＿＿＿＿＿＿＿＿＿＿＿＿＿＿＿＿＿＿
吸烟区＿＿＿＿＿＿＿＿＿＿＿＿＿＿＿＿＿＿＿＿＿＿
给手机充电＿＿＿＿＿＿＿＿＿＿＿＿＿＿＿＿＿＿＿＿
免费 Wi-Fi＿＿＿＿＿＿＿＿＿＿＿＿＿＿＿＿＿＿＿＿

Упражнение 2. Измените слова или словосочетания в скобках в нужной форме. 将括号中的单词或词组变为适当的形式。

(1) Эта девочка ＿＿＿＿＿＿＿＿＿＿ (высокий рост).
(2) Как добраться до ＿＿＿＿＿＿＿＿＿＿ (Северный вокзал Сианя).
(3) Тебе ＿＿＿＿＿＿＿＿＿＿ (нужный) большой чемодан.

（4）Сотрудник записал _____ （информация поезда）.

（5）Пассажиры обратились к _____ （дежурный по вокзалу）за помощью.

Упражнение 3. Вставьте подходящие предлоги. 请填入适当的前置词。

（1）Столовая недалеко _____ площадки.

（2）Кафе находится _____ первом этаже.

（3）Электронный экран _____ вашей головой.

（4）Молодой человек ждёт подругу _____ справочной стойке.

（5）Мама идёт в комнату с кулером _____ горячей водой.

（6）Парковка находится _____ западе вокзала.

（7）До отправления поезда ещё час, родители гуляют _____ магазинам.

Упражнение 4. Перестройте предложения по образцу. 仿照示例变换句子结构。

Образец: Можно пройти на остановку автобуса пешком.
　　　　　Можно попасть на остановку автобуса пешком.

（1）Как отсюда доехать до центра города?

（2）Вам лучше добраться до станции метро на автобусе.

（3）От вокзала до вашей квартиры можно проехать на автобусе?

（4）Как дойти до стоянки такси?

（5）Местный житель мне сказал, что проехать в Исторический музей провинции Шэньси на метро.

Упражнение 5. Составьте слова в предложения. 连词成句。

（1）Сотрудник, выпустить, объявление, о, поиск, человек

_____

（2）Рядом, с, магазин, есть, кафе.

_____

（3）Малыш, всё время, плакать, мама, решить, развести, сухой, молоко, для, он.

_____

（4）Дежурный, по, вокзал, высокий, рост, и, чёрный, волосы.

_____

（5）Её, дочка, потеряться, она, очень, волноваться.

_____

Упражнение 6. Переведите следующие предложения на русский язык. 请将下列句子翻译成俄语。

(1) 候车厅的东侧有很多小吃店。

_____

(2) 如果您有问题，可以向工作人员寻求帮助。

_____

(3) 母婴室里有婴儿床和玩具，带婴儿的母亲可以在里面休息。

_____

(4) 请乘坐电梯，到达二楼后一直直走，就可以看见咨询台了。

_____

(5) 工作人员告诉小男孩，乘坐扶梯时要抓好扶手。

_____

Упражнение 7. Русский пассажир Павел спрашивает у вас, где находится зал ожидания. Напишите диалог по следующей картинке, чтобы показать ему дорогу. 俄罗斯旅客帕维尔向您问询候车大厅的位置，请根据图片编写对话，为他指路。

Чтение 拓展阅读

4 новых великих изобретения Китая

Согласно результатам опроса, высокоскоростная железная дорога, электронная коммерция, мобильные платежи и услуги велопроката (共享单车) были признаны «четырьмя новыми изобретениями» Китая.

14 сентября 2024 года был введён в эксплуатацию участок Мэйлун высокоскоростной железной дороги Лунъянь-Лунчуань (龙龙高铁). В результате протяжённость железнодорожных путей в Китае превысила 160 тысяч километров, из которых более 46 тысяч километров составляют высокоскоростные магистрали. Это делает китайскую сеть высокоскоростных железных дорог самой протяжённой в мире.

«Высокоскоростной железнодорожный экспресс» способствовал развитию рынка онлайн-покупок (网购). По информации представителя Министерства коммерции, Китай с 2024 года уже 11 лет является крупнейшим в мире рынком электронной коммерции. Число стран-партнёров «Шёлкового пути электронной коммерции» (丝绸之路) увеличилось до 30, международное сотрудничество постепенно расширяется.

В Китае наблюдается активное развитие мобильных платёжных систем (移动支付), таких как Алипей и Вичат. К концу 2023 года количество пользователей цифровых платежей в стране достигло 853 миллионов, что составляет 86,5% от общего объёма цифровых платежей. Сервисы Алипей и Вичат представлены более чем в 40 странах и 149 аэропортах, что свидетельствует о расширении присутствия китайских цифровых платежей на зарубежных рынках.

Велопрокат, прокат электромопедов и электромобилей (新能源汽车) становятся новым трендом в сфере экологически чистых видов транспорта. На данный момент в Китае насчитывается более 12 миллионов велосипедов, доступных для общего пользования, и ими пользуются более 600 миллионов человек.

«Четыре новых великих изобретения» оказали значительное влияние не только на жизнь китайского народа, но и на решение глобальных проблем всего человечества. Они являются не только воплощением (化身) прогресса своего времени, но и свидетельством научных достижений и технологического развития страны.

Ответьте на вопросы по статье. 根据文章内容回答问题。

(1) Что представляют собой «четыре новых великих изобретения» Китая?

(2) Какова протяжённость высокоскоростной железной дороги в Китае с 14 сентября 2024 года?

(3) В течение какого времени Китай является крупнейшим в мире рынком электронной коммерции?

(4) Сколько стран-партнёров «Шёлкового пути электронной коммерции» у Китая?

(5) Сколько пользователей цифровых платежей в Китае?

(6) Во скольких странах и аэропортах доступны сервисы Алипей и Вичат?

(7) Какие «зелёные» виды транспорта вы знаете?

(8) Сколько велосипедов общего пользования в Китае?

中国的新四大发明

调查结果显示,高铁、网络购物、移动支付和共享单车被认为是中国"新四大发明"。

2024年9月14日,龙龙高铁梅龙段开通运营,中国铁路营业里程突破16万公里,其中高铁营业里程超4.6万公里,稳居世界第一。

"高铁快运"也为网购市场增添发展动力。据商务部新闻发言人称,截至2024年,我国连续11年成为全球最大网络零售市场,"丝路电商"伙伴国扩大到30个,国际合作逐步深化。

以支付宝、微信为代表的移动支付在中国也发展迅速。截至2023年底,我国数字支付用户规模达到8.53亿,占数字支付的86.5%。支付宝、微信服务已遍布40余国和149个机场,中国的数字支付正在加快海外市场拓展的步伐。

共享单车、共享电车、新能源汽车已成为绿色出行新风尚。截至目前,我国共投放1200多万辆共享单车,服务超过6亿用户。

"新四大发明"不仅改变了中国人民的生活,也为解决全人类的问题和难题做出贡献,它既是时代进步的缩影,更是国家科技发展的见证。

Проект 4　Проверка билетов

项目四　检 票 乘 车

学习目标

◎ 知识目标

(1) 掌握检票的相关词汇。
(2) 掌握"智慧出行"相关的单词及短语。
(3) 掌握处理检票问题的常用表达。

◎ 能力目标

(1) 能够在检票中进行票证识别。
(2) 能够解决旅客在检票中遇到的问题。
(3) 能够指导旅客使用"铁路12306"检票乘车。

◎ 素质目标

(1) 具有良好的语言能力和沟通能力。
(2) 具有使用智慧铁路进行客运服务的能力。
(3) 拥有国际视野,树立中国高铁在国际上的良好形象。

Разминка　热身

Сопоставьте картинки со словами. 给下面的词语选择对应的图片。

А

Б

В

Г

Д

Е

1. оформление документов 办理证件
2. проход контроля билетов 检票口
3. турникет 自动闸机
4. проход через контролёра 人工检票
5. сделать снимок 拍照
6. удостоверение личности иностранного постоянного жителя 外国人永久居留身份证 (вид на жительство 居留证)

Слова и выражения 词汇短语

проход 通道
контроль 检查
   контроль билетов 检票
   проход контроля билетов 检票口
контролёр 检票员
полчаса 半小时
сувенир 纪念品
продавать/продать 售卖

обращать/обратить 把……转向
внимание 注意力
   обращать внимание на что 注意……
получить билет 取票
использоваться (被)使用
посадка 上车, 登机, 上船
   проходить на посадку 乘车
включая 包括

турникет 自动闸机
терять/потерять 丢失
временный 暂时的,临时的
оформление 办理
общественная безопасность 公安
    Управление общественной безопасности 公安局
подавать/подать 提出(申请),提交
    подавать заявление 提交申请书
регистрироваться/зарегистрироваться 注册
выполнять/выполнить 完成
процедура 程序
идентификация 核验,鉴定,识别
динамический 动态的
круто [口]棒极了
удобно 方便
срочно 紧急
убирать/убрать 打扫
пропускать/пропустить 放……通过,使通过

впереди 在……前面
позади 在……后面
совпадать/совпасть（с кем-чем）与……相符
запись 记录,记载
истекать/истечь 期满,(时间)到
истечение 到期
срок действия 有效期
    истечение срока действия 过期
толпиться [未]拥挤
опаздывать/опоздать 迟到,晚点
снегопад 降雪
очередь 次序,顺序
    встать в очередь 排队
    стоять в очереди 站队
проводник 列车员
конечная станция 终点站
сообщать/сообщить 传达,通知,通告

Диалоги 对话

任务一 检票问询

— Здравствуйте! Скажите, пожалуйста, где проверить билет на поезд G666?
— У прохода контроля билетов 1В.
— Во сколько начинается проверка билетов?
— Обычно билеты проверяют за 15 минут до отправления. До посадки ещё более полчаса, вы можете отдохнуть в зоне ожидания.
— Хорошо. Вы знаете, где можно купить сувениры?

— 您好！请问G666次列车在哪里检票？
— 在1B检票口。
— 那几点开始检票呢？
— 通常在发车前15分钟开始检票。现在距离上车还有半个多小时,可以先在候车区休息。
— 好的。您知道哪里可以买纪念品吗？

– Во многих магазинах в зале ожидания продают. – Хорошо, тогда я туда пойду. – И обратите внимание на время, за 3 минуты до отправления поезда заканчивается проверка билетов. – Хорошо, спасибо!	– 候车大厅的很多商店都有卖。 – 好的，那我去看一看。 – 请您注意时间，发车前3分钟停止检票。 – 好的，谢谢！

任务二　检票上车

– Уже началась проверка билетов, но я ещё не получил билет. Где можно получить билет? – Вы взяли паспорт? – Да. – Теперь во всём Китае используются электронные билеты на поезд, вы можете пройти на посадку с помощью удостоверения личности, включая паспорт, не надо получать билет. – А дети тоже проходят на станцию через турникет? – Пассажиры с детьми должны проходить на станцию через проход проверки билетов контроллером. – Ага, понятно, спасибо.	– 已经开始检票了，但是我还没来得及取票。请问可以在哪儿取票？ – 您带护照了吗？ – 带了。 – 现在全国已经实现电子客票全覆盖了，您可以用护照等身份证件进站乘车，不用取票。 – 儿童也是在闸机处进站吗？ – 带儿童的乘客需要从人工检票通道检票进站。 – 好的，明白了，谢谢。

任务三　刷码乘车

– Будьте добры! Я потеряла своё удостоверение личности, что делать? – Вы можете оформить временное удостоверение личности в окне оформления докуме нтов общественной безопасности, или в приложении «Железная дорога 12306». Но необходимо обратить внимание на то,	– 您好！我的身份证丢了，怎么办啊？ – 您可以去公安制证窗口或者在"铁路12306"App办理临时身份证明。但要注意，每位旅客在一个月内最多可在"铁路12306"App申请6次电子临时身份证明。

что каждый пассажир может подать заявление на временное удостоверение личности не более шести раз в месяц.	
— Хорошо. Я вижу, что некоторые с помощью телефонов проходят на посадку, почему?	— 好的。我看还有人刷手机进站，是为什么？
— Если вы уже зарегистрировались в приложении «Железная дорога 12306» и выполнить процедуру идентификации, можно проходить проверку билетов с помощью динамического QR-кода внутри, и при выходе со станции.	— 如果已经在"铁路12306"App 注册并完成了身份核验，就可以凭动态二维码，直接进站检票，出站时也是同样的方法。
— Круто, это очень удобно!	— 太好了,这太方便了!

任务四　停止检票

— Извините, это проход проверки билетов на поезд G58?	— 请问这是 G58 次列车的检票口吗？
— Да, но уже закончилась проверка билетов.	— 是的。但是已经停止检票了。
— Но до отправления поезда ещё 2 минуты.	— 可是距离开车还有 2 分钟呢。
— По правилам, за 3 минуты до отправления поезда прекращается проверка билетов.	— 按照规定,发车前 3 分钟停止检票。
— Ой, а что делать? Мне нужно срочно поехать в Пекин.	— 啊？那怎么办？我着急去北京。
— Вы можете поменять билет на ближайший поезд.	— 您可以改签到最近一趟车次。
— Хорошо. Мне надо в кассу, чтобы поменять билет?	— 好的。是要去售票处改签吗？
— Есть ли у вас приложение «Железная дорога 12306»? Там можно оформить.	— 您有"铁路12306"App 吗？那上面就可以办理。
— Хорошо, спасибо!	— 好的,谢谢!

Комментарии 语法注释

1. Сейчас проверяют билеты. 现在正在检票。

该句是不定人称句。不定人称句的行为是由不确定的人发出的,仅强调行为本身,不指明行为发出者是何人。不定人称句中谓语用动词现在时或将来时复数第三人称形式表示,过去时用复数表示。例如：

①В этих магазинах продают сувениры.
这些商店里有卖纪念品。
②На востоке города построят новый вокзал.
城东要建一座新的火车站。
③Зал ожидания убирают каждый день.
候车大厅每天都会有人打扫。

2. начинать 开始
начинаться

这里 начинать 是及物动词,表示"……开始……";начинаться 这类带-ся 动词,表示主体本身的行为或状态,不及于任何客体,可译为"……开始"。类似的动词还有：

закончать(……结束……), закончиться(……结束)
прекращать(……停止……), прекращаться(……停止)
продолжать(……继续……), продолжаться(……继续)

①Быстрее! Быстрее! Уже начинается проверка билетов.
快点儿! 快点儿! 已经开始检票了。
②За 3 минуты до отправления, контролёр прекратил проверку билетов.
开车前3分钟,检票员停止检票。
③Они продолжают разговор у прохода проверки билетов.
他们在检票通道前继续交谈。
④Проводники с терпением закончили свою работу.
列车员耐心地完成了自己的工作。

3. Вы знаете, где... 您知道……在哪里吗?

此句子是带关联词的说明从句。充当关联词的既可以是疑问代词 кто, что, какой, чей, сколько, 也可以是疑问副词 где, куда, откуда, когда, почему, зачем 等。例如：

①Вы знаете, где проход проверки билетов 2В.
您知道2В检票口在哪里吗?
②Вы знаете, как доехать до Северного вокзала Сианя на метро?
您知道怎么乘坐地铁去西安北站吗?
③Тот пожилой человек спросил контролёра, когда отправляется его поезд.
那个老人问检票员,他的车次什么时候发车。

4. обратить внимание на что 注意……

①Обратите внимание на время отправления.

请注意发车时间。

②На что обратить внимание при покупке билета в интернете?

上网买车票时要注意什么？

③При выборе вида транспорта, люди обращают большое внимание на удобство.

在选择交通工具时，人们更加关注便利性。

5. с помощью кого-чего 借助……，利用……

①Люди могут купить билеты с помощью приложения «Железная дорога 12306».

人们可以用"铁路 12306" App 购票。

②Можно проверять билеты с помощью QR-кода.

可以使用二维码检票。

③С помощью проводника, он нашёл своё место.

在乘务员的帮助下，他找到了自己的座位。

6. Есть ли у вас что? 您(这儿)有没有……？
　　Нет ли у вас чего?

表示委婉、客气的语气。

①Будьте добры, нет ли у вас бесплатного Wi-Fi?

劳驾，你们这儿有免费 Wi-Fi 吗？

②Извините, есть ли у вас контролёр?

请问，你们这儿有检票员吗？

③Скажите, пожалуйста, есть ли у вас магазин сувениров?

请问，你们这儿有纪念品商店吗？

7. совпадать с кем-чем 与……相符

①По правилам, информация в билета должна совпадать с информацией на документах.

按照规定，票面信息应与证件信息一致。

②Развитие ситуации не совпадает с его желанием.

事态的发展与他的预期不相符。

③Реальное время прибытия этого поезда совпадает с планом.

这趟列车的实际到达时间与计划相符。

Предложения 实用句式

1. Скажите, пожалуйста, когда начнётся проверка билетов?

请问，什么时候开始检票？

2. Какой номер вашего поезда?

您的车次是多少？

3. Скажите, где проверяют билеты на поезд G58?
请问，G58次列车在哪里检票？

4. Проверка билетов прекращается за 3 минуты до отправления.
发车前3分钟停止检票。

5. Подождите, пожалуйста, проверка билетов на ваш поезд ещё не началась.
请稍等一下，您乘坐的这趟列车还没有开始检票。

6. Покажите ваш билет.
请您出示车票。

7. Прошу пассажиров с большим багажом проходить через широкий проход.
携带大件行李的旅客请走宽通道。

8. Несите ребёнка на руках, или дети должны идти впереди взрослых для быстрого прохода через турникет.
请抱起小孩，或者孩子在前大人在后，快速通过闸机。

9. Ваш билет не на этот поезд, я не могу вас пропустить.
您的车票不是本次列车的，不能让您通过。

10. Извините, ваш билет, документ не совпадает с вашей личностью.
对不起，您的票、证、人不符。

11. В вашем паспорте нет записи о покупке билета, проверьте документы.
您的护照上面没有购票记录，请确认证件。

12. Срок действия вашего удостоверения личности истёк, вам надо оформить временное удостоверение личности.
您的身份证过期了，需要办理临时身份证明。

13. Входите на посадку напротив этого прохода.
请在对面检票口进站乘车。

14. Вам можно отсканировать паспорт или удостоверение личности иностранного постоянного жителя для посадки на поезд.
您可以刷护照或者外国人永久居留身份证乘车。

15. При использовании приложения «Железная дорога 12306», вам нужно зарегистрироваться и выполнить процедуру идентификации.
使用"铁路12306"App时，您需要先注册并完成身份核验。

16. Вам ещё можно проходить проверку билетов с помощью динамического QR-кода в приложении «Железная дорога 12306».
您还可以使用"铁路12306"App上的动态二维码检票进站。

17. Не толпитесь, втаньте в очередь на посадку.
请不要拥挤，排队进站。

18. Обращайте внимание на объявление, не опаздывайте на поезд.
请注意听广播，别误了火车。

19. Поезд опаздывает из-за сильного снегопада, подождите в зоне ожидания, и контролёр своевременно сообщит вам о проверке билетов.

列车由于大雪晚点，请在候车区等候，检票员会及时通知您检票的。

Упражнения 练习

Упражнение 1. Измените глаголы в скобках в нужной форме. 将括号中的动词变为适当的形式。

（1）Андрей плохо слышит объявление, вокруг _____ .（разговаривать）

（2）Недавно _____ эти магазины в зале ожидания.（открыть）

（3）На табличке написано «Нельзя _____».（курить）

（4）Между городами _____ новую высокоскоростную линию.（строить）

（5）В новостях _____ о ситуации пассажироперевозок во время китайского нового года.（сообщить）

（6）В Сиане радушно _____ иностранных гостей.（встречать）

Упражнение 2. Выберите и вставьте глаголы с-ся или без-ся в нужной форме. 选择带-ся 或不带-ся 动词的适当形式填空。

（1）Сотрудники _____ работу и пошли домой.　　　　закончить
　　　Сегодняшняя работа _____, пора отдыхать.　　　закончиться

（2）Эксплуатация этого поезда _____ в шесть часов утра.　　начать
　　　Когда _____ проверку билетов?　　　　　　　　　　начаться

（3）Хотя поезд уже доехал до конечной станции, но проводники
　　　_____ работу.　　　　　　　　　　　　　　　　　продолжать
　　　До отправления всего 5 минут, но какой, но их разговор
　　　_____ .　　　　　　　　　　　　　　　　　　　продолжаться

（4）Ночью движение высокоскоростных поездов _____ .　　прекращать
　　　Когда услышал объявление, они _____ разговаривать.　прекращаться

Упражнение 3. Вставьте союзные слова когда, чей, почему, как, какой, где в нужной форме. 用关联词 когда, чей, почему, как, какой, где 的适当形式填空。

（1）Меня спросили, _____ проверить билет на поезд G66.

（2）Теперь я знаю, _____ он опоздал на поезд.

（3）Вы не знаете, _____ начинается проверка билет?

(4) Контролёр спросил, _____ чемодан стоит перед турникетом.
(5) Знаете ли вы, _____ доехать до центра города с вокзала?
(6) Скажите, пожалуйста, _____ книгу вы купили?

Упражнение 4. Переведите на русский язык словосочетания, данные в скобках. 翻译括号内的词组。
(1) Скоро начинается проверка билетов, _____ (请注意听广播).
(2) Сейчас иностранные пассажиры тоже могут _____ (刷护照乘车).
(3) Вам можно _____ (办理临时身份证明) в преложении «Железная дорога 12306».
(4) Я уже привык проходить проверку _____ (使用动态二维码).
(5) _____ (停检时间到了), вам надо поменять билет.
(6) Вам нужно выполнить _____ (身份核验).

Упражнение 5. Переделайте утвердительные предложения в отрицательные по образцу. 仿照示例将肯定句变为否定句。

Образец: **Есть ли у вас бумажный билет?**
　　　　　　Нет ли у вас бумажного билета?
(1) Есть ли у вас удостоверение личности иностранного постоянного жителя?
(2) Есть ли у вас приложение «Железная дорога 12306»?
(3) Есть ли у вас временное удостоверение личности?
(4) Есть ли на этом вокзале кафе?
(5) Есть ли в зоне ожидания кресла?
(6) Есть ли в зале билетный автомат?

Упражнение 6. Переведите следующие предложения на русский язык. 请将下列句子翻译成俄语。
(1) 距离检票还有1个小时,孩子们在候车厅安静地看书。

_____

(2) 检票时,母亲抱着孩子通过了闸机。

_____

(3) 那位旅客的票、证、人不符,检票员不放他进站。

_____

(4) 现在全国已经实现电子客票全覆盖,可以直接刷身份证进站乘车。

_____

(5) 检票通道有宽有窄,携带大件行李的旅客可以走宽通道。

_____

（6）他的身份证过期了，所以无法通过自动闸机。

Упражнение 7. Составьте и разыграйте диалоги по следующим ситуациям. 根据下列情景编写对话并演练。

（1）Магжан спрашивает контролёра, как быстро проверить билет с помощью телефона.

（2）Объясните Андрею, какими методами можно входить на посадку при проверке билетов.

Чтение 拓展阅读

Чжан Юе—китайский машинист высокоскоростного поезда, работающий в Индонезии

Чжан Юе, 34 года, сотрудник Пекинского управления Китайской железнодорожной корпорации, работал машинистом электропоезда на высокоскоростной железной дороге Джакарта-Бандунг（雅加达—万隆）в Индонезии.

В феврале 2023 года Чжан Юе посетил Индонезию с целью участия в тестировании, проведении совместных испытаний, а также открытии и церемонии ввода в эксплуатацию высокоскоростной железнодорожной магистрали Джакарта-Бандунг, которая является флагманским проектом инициативы «Один пояс, один путь». В ходе своей работы Чжан Юе проводил обучение, основанное на реальных ситуациях, связанных с эксплуатацией высокоскоростной железнодорожной магистрали Джакарта-Бандунг. Он передавал индонезийским специалистам все необходимые знания и навыки управления электропоездами, завоёвывая их уважение и доверие.

Высокоскоростная железнодорожная магистраль Джакарта-Бандунг является первым проектом высокоскоростной железной дороги, реализованным Китаем за рубежом. Общая протяжённость магистрали составляет 142,3 километра. Это первая высокоскоростная железная дорога в Индонезии и Юго-Восточной Азии, способная развивать скорость до 350 километров в час. После ввода в эксплуатацию время поездки между Бандунгом и Джакартой сократилось с трёх часов до 40 минут.

Чжан Юе, представитель компании, ответственной за проект, отметил, что с момента открытия высокоскоростной железнодорожной магистрали Джакарта-Бандунг наблюдается высокий уровень посещаемости. Ежедневно большое количество пассажиров выстраивается в очередь перед платформой, чтобы сделать фотографию на фоне поезда.

Чжан Юе, благодаря своему высокому профессионализму, обеспечил безопасность и стабильность работы китайской высокоскоростной железной дороги за границей, а также способствовал формированию положительного международного имиджа Китайских железных дорог. Он - звезда среди китайских машинистов высокоскоростных поездов.

Ответьте на вопросы по статье. 根据文章内容回答问题。

（1）Сколько лет Чжан Юе？

（2）Где работал Чжан Юе？

（3）Кем работал Чжан Юе？

（4）Когда Чжан Юе прибыл в Индонезию？

（5）Какая железнодорожная магистраль является первой высокоскоростной в Юго-Восточной Азии？

（6）С какой максимальной скоростью может двигаться поезд《Джакарта-Бандунг》？

（7）На сколько сократилось время в пути между Бандунгом и столицей Индонезии Джакартой после запуска высокоскоростной железнодорожной магистрали？

（8）Что мы можем узнать из истории Чжан Юе？

张跃——印尼高铁的中国司机

张跃，34岁，来自中国铁路北京局集团有限公司，是印度尼西亚雅万高铁的一名的动车组司机。

2023年2月，张跃跨越万里来到印尼，参与中印尼共建"一带一路"旗舰项目雅万高铁的联调联试、开通运营等工作。他结合雅万高铁实际情况，开展培训，将电动车组的全部业务知识和驾驶技术倾囊相授给印尼员工，赢得了他们的尊敬和信任。

雅加达至万隆高速铁路是中国首个海外高速铁路项目，全长142.3公里，是印尼乃至东南亚地区的第一条高速铁路，时速可达350公里，开通后万隆与雅加达之间的行车时间从3小时缩短至约40分钟。

负责该项目的公司代表张跃说道："自雅万高铁启用后，上座率持续高位，每天都有许多乘客在站台前排队，希望能在列车前合影留念。"

张跃凭借过硬的业务能力，确保了中国高铁在海外的安全稳定运行，树立了中国铁路良好的国际形象。他是中国高铁司机中的一颗闪亮之星。

Проект 5　Обслуживание на платформе

项目五　站台服务

学习目标

◎ 知识目标

(1) 掌握站台、车厢位置的词汇。
(2) 掌握站台指引的相关句型。
(3) 掌握出站及中转换乘情景下的常用表达。

◎ 能力目标

(1) 能够组织旅客在站台进行有序候车。
(2) 能够解答旅客站台候车、到站等环节的相关问题。
(3) 能够指引旅客出站及中转换乘。

◎ 素质目标

(1) 熟悉站台服务中的相关规定。
(2) 具有较强的安全意识。
(3) 具备耐心、专业的岗位职业素养。

Разминка　热身

Сопоставьте картинки со словами. 给下面的词语选择对应的图片。

А

Б

В

Г

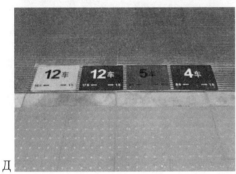
Д

Е

1. платформа 站台
2. пешеходный тоннель 地下人行通道
3. онлайн-заказ такси 网约车
4. знаки остановки вагона 候车车厢地标
5. камера для хранения багажа 行李寄存柜
6. пункт посадки пассажиров по онлайн-заказам такси 网约车上车点

Слова и выражения 词汇短语

садиться/сесть 乘上，坐上
   сесть в поезд 坐上火车
выкурить 把(烟)吸完
сигарета 香烟
торопиться/поторопиться 急忙，赶时间
уходить/уйти 离开
платформа 站台
курить 吸烟
заходить/зайти 越过(某界限、范围)；走
到……后面

линия 线
   линия безопасности 安全线
расстояние 距离，间距
   расстояние между поездом и пла-тформой 列车与站台间的缝隙
знак 标志
   знаки безопасности 安全标志
   предупреждающий знак 警告标志
пассажироперевозки 旅客运输
сезон массовых новогодних пассажи-ропере-

возок 春运
пассажиропоток 客流
пересадка 换乘
    сделать пересадку 换乘
    пересадка на поезд 换乘列车
пересаживаться/пересесть 换乘；换座位
следовать（за кем-чем）跟随，随着；（кому-чему）遵循
    следовать примеру кого 以……为榜样
указатель 标志，标志牌
пересадочный 换乘的
    пересадочная станция 换乘站
    пересадочная табличка 换乘牌
подниматься/подняться 登上；（日、月、星等）升起
    подниматься на гору 爬山
хранить［未］保存，保管，存放
камера 室，箱
самообслуживание 自助
хранение 保存，存放
    камера самообслуживания для хран-ения багажа 自助行李寄存柜
размер 尺寸

достаточно（кого-чего）足够
выбирать/выбрать 选择
подходящий 适合的
потребность 需要
пользоваться/воспользоваться（чем）使用；享有
    пользоваться транспортом 使用交通工具
    пользоваться славой 享有荣誉
    пользоваться популярностью 受欢迎
    пользоваться вниманием 备受关注
инструкция 指令，指南
пробовать/попробовать 试验,试图,品尝
останавливаться/остановиться 停住,站住
представить себе 想象,设想
суетиться［未］奔忙,忙乱
провожать/проводить 送别
прощаться/проститься 告别
поблизости 附近
диспетчер 调度员
строго 严格地
край 边,边缘
машинист（机车等的）司机
поведение 行为

Диалоги 对话

- Добрый день! Это поезд G210?
- Да, вы поедете в Тяньцзинь?
- Да.
- Поезд скоро отправится, пожалуйста, сядьте в поезд.
- Сколько времени осталось до отправления?

- 下午好！这是 G210 次列车吗？
- 是的,您要去天津吗？
- 是的。
- 列车快开了,请您上车。

- 距离开车还有多长时间？

— 5 минут. — Мне можно выкурить сигарету? Очень быстро. — Ладно, тогда поторопитесь, и не уходите далеко, курить можно только на платформе. Когда вы курите, не заходите за белую линию безопасности, и обратите внимание на расстояние между поездом и платформой. — Спасибо за подсказку.	— 5 分钟。 — 我可以抽根烟吗？很快的。 — 好吧,那请快一些,不要走远,只可以在站台上吸烟。吸烟时,请您不要越过白色安全线,注意列车与站台间的缝隙。 — 谢谢提醒。

任务二　站台引导

— Поезд приближается на станцию, пожалуйста, не заходите за белую линию безопасности. — Скажите, пожалуйста, это платформа № 2? — Да, здесь посадка на поезд G210. — Мне надо сесть в вагон 6, где ждать? — Вагоны с 6 по 9, пожалуйста, идите прямо и встаньте в очередь по жёлтым знакам остановки вагона. — Хорошо. Сегодня так много людей! — Да. Сейчас сезон массовых новогодних пассажироперевозок, пассажиропоток большой, встаньте в очередь и проходите в поезд. — Хорошо.	— 列车即将进站,请不要越过白色安全线。 — 请问这是 2 站台吗？ — 是的。G210 次列车在这里等候上车。 — 我是 6 号车厢,在哪里候车呢？ — 6 到 9 号车厢请直走,并按黄色地标排队。 — 好的。今天人好多呀！ — 是的。现在是春运期间,客流量很大,请排队上车。 — 好的。

任务三　中转换乘

— Здравствуйте! Мне нужно сделать пересадку на поезд G907, где я могу это сделать?	— 您好！我需要换乘 G907 次列车,在哪里可以换乘？

— Вы можете следовать указателям пересадочных табличек и пройти прямо до прохода пересадки. — У меня большой чемодан, могу ли я подняться на лифте? — Да. Вы можете подняться на лифте на 2-й этаж для пересадки. — Ещё нужен ли досмотр безопасности? — Не нужен. Вы подниметесь на лифте на 2-й этаж, с помощью удостоверения личности, по которому вы покупали билет, можно пройти через турникет в зал ожидания. — Хорошо, это действительно удобно!	— 您可以按站内换乘标识指引一直往前走，就可以到达换乘通道。 — 我的行李箱比较大，可以坐直梯吗？ — 可以的。您可以乘坐直梯进入2楼换乘。 — 那还需要安检吗？ — 不需要。您上电梯到2楼，在闸机处刷购票时使用的身份证件就可进入候车大厅。 — 好的，真方便！

任务四　行李寄存

— Здравствуйте! Где я могу хранить багаж? — Вам можно спуститься на первый этаж, и выйти на северной площади, после выхода с вокзала вы увидите указатель метро, а камера самообслуживания для хранения багажа находится напротив метро. — Размер большой? Достаточно ли места для моего рюкзака? — Есть три размера: маленькие, средние и большие камеры. Вы можете выбрать подходящий размер в соответствии с вашими потребностями. — Как им пользоваться? — Отсканируйте QR-код на экране и следуйте инструкции. — Хорошо, я попробую.	— 您好！哪里可以寄存行李？ — 您可以下到一楼，从北广场出站，出站后可以看到地铁标识，地铁站对面就是自助行李寄存柜。 — 尺寸大吗？可以放下我的背包吗？ — 那里有小柜、中柜、大柜三种尺寸，您可以根据需要选择合适的大小。 — 那怎么使用呀？ — 扫描屏幕上的二维码，按照操作提示就可以使用了。 — 好的，我去试试。

Комментарии 语法注释

1. вокзал, станция, остановка, стоянка 的区别

Вокзал, станция, остановка, стоянка 这几个词在意义上很接近,都表示"车站",但它们在具体含义上有区别,并不能相互代换,使用这些词时要注意下列几点:

（1）вокзал 和 станция 都作"火车站"讲,但 станция 是指火车停车站。因此有 станция отправления（始发站）, станция назначения（到达站）, пассажирская станция（客运站）, грузовая станция（货运站）之分。不论大站、小站,都称为 станция。

①На этой станции поезд стоит 10 минут.
这一站火车停十分钟。

②Наш поезд останавливается на каждой станции.
我们这列火车逢站就停。

③Скоро ли будет станция?
快到站了吗?

（2）而 вокзал 是指车站上的建筑物,即"火车站"。一般设有售票厅、候车室、问询处、行李保管处、小卖部等。

①Она представила себе огромный, шумный вокзал, где все суетятся, спешат, провожают, прощаются.
她想象出一个巨大的、人声嘈杂的车站,人们匆匆忙忙地在赶车、送人、相互告别。

②В столице скоро будет строиться самый большой, самый красивый вокзал в стране.
首都很快即将建成国内最大、最美丽的车站。

（3）地铁的车站称作 станция。例如:

①На каждой станции метро есть кассы.
地铁的每个车站上都有售票处。

②Вы не знаете, где ближайшая станция метро?
您知不知道,离这儿最近的地铁站在哪儿?

（4）остановка 指公共汽车、电车的车站。例如:

①Вы выходите на этой остановке?
您这一站下车吗?

②Молодой человек, вы не знаете, где остановка 5-ого троллейбуса?
小伙子,您知不知道,5 路无轨电车站在哪儿?

（5）стоянка 表示"停车场"。例如, стоянка такси（出租车停车场）, стоянка машин（汽车停车场）, стоянка велосипедов（自行车停放处）等等。

①Вы не скажете, где поблизости стоянка такси?
您知不知道,附近哪儿有出租车停车场?

②Здесь ставить велосипед нельзя, там стоянка для велосипедов.
这里不许停放自行车,那边有存车处。

2. следовать за кем-чем 跟随，随着
            кому-чему 遵循，遵守

①Проводник идёт впереди, пассажиры следуют за ним.
列车员走在最前面，乘客们紧随其后。

②Диспетчеры всегда следят за графиком, чтобы поезда отправлялись и прибывали вовремя.
调度员始终关注列车时刻表，确保列车准时出发和到达。

③Всем железнодорожным работникам надо строго следовать правилам безопасности.
所有铁路员工都必须严格遵守安全规程。

④Нам надо следовать примеру опытных машинистов и учиться у них.
我们要以经验丰富的司机为榜样，向他们学习。

3. 关联词 который 引导的定语从句

который 是定语从句中最常用的关联词，它有性、数、格的变化。它的性、数与主句中被说明的名词一致，格则取决于它在从句中的句法作用：如果 который 是从句的主语，就用第一格；如果是从句的其他成分，则用相应的带前置词或不带前置词的间接格。例如：

①Это его новая девушка, с которой он путешествовал в Китае.
这是和他一起去中国旅行的新女友。

②Мы увидели тот новый вокзал, который недавно построили в этом городе.
我们看到了这座城市最近新建的火车站。

③Я встретила машиниста этого поезда, лицо которого показалось мне знакомым.
我见到了火车司机，他的面孔看起来很熟悉。

4. подниматься/подняться 登上；上升；(日、月、云雾等)升起；站起来

①Вам можно подняться на лифте на шестой этаж.
您可以乘电梯上六楼。

②Если у вас нет чемодана, тогда можно подняться по ступенькам на платформу.
如果您没有行李箱，可以走楼梯上站台。

③Мы поднялись на гору в субботу.
周六我们爬山了。

④Температура в вагоне поднялась до 28 градусов.
车厢里的温度上升到 28 度。

⑤Солнце поднялось высоко и стало жарко.
烈日悬空，天气变得热起来了。

⑥Когда поезд прибыл на конечную станцию, пассажиры поднялись с мест.
火车到达终点站，乘客们从座位上站起来。

5. сделать пересадку 换乘

пересаживаться/пересесть 换乘；换座位

①Чтобы добраться до Чанчуня, нам нужно сделать пересадку на другой поезд на

Северном вокзале Шэньяна.

想要到长春,我们需要在沈阳北站换乘另一趟火车。

②Он пересел на другое место, чтобы сидеть рядом с другом.

他换到另一个座位,以便和朋友坐在一起。

③Чтобы добраться до аэропорта, можно пересесть на метро на вокзале.

可在火车站换乘地铁前往机场。

6. пользоваться/воспользоваться чем 使用;(与某些抽象名词连用)享有

①В зале ожидания можно пользоваться бесплатным Wi-Fi.

在候车厅可以使用免费 Wi-Fi。

②Можно пользоваться лифтом или эскалатором и спуститься на первый этаж.

您可以乘坐电梯或自动扶梯下到一楼。

③Высокоскоростной поезд пользуется популярностью в Китае.

高铁在中国非常受欢迎。

Предложения 实用句式

1. Пожалуйста, входите на станцию по очереди.

请按顺序进站。

2. Пассажиров, которые едут поездом G88, просим пройти срочно на посадку.

乘坐 G88 次列车的旅客请抓紧时间上车。

3. Поторопитесь на посадку, поезд скоро отправляется.

请抓紧时间上车,列车马上就要开了。

4. В целях вашей безопасности, встаньте за линию безопасности.

为了您的安全,请站在安全线后面。

5. Вы можете воспользоваться линиями метро 2, 3, чтобы добраться до центра города.

您可以乘坐地铁 2 号、3 号线到达市中心。

6. Садитесь на автобус № 202 или возьмите такси, ваша гостиница недалеко отсюда.

请乘坐 202 路公交或者打出租,您的酒店离这儿不远。

7. Я хотела бы сесть на автобус № 706, на какой выход мне пройти?

我想坐 706 路公交车,我应该走哪个出口呢?

8. Осторожно, отойдите от края платформы.

请勿靠近站台边缘,注意安全!

9. Пройдите до конца платформы, затем поверните налево, вы увидите лифт.

走到站台的尽头,然后左转,您就可以看到电梯了。

10. Пересадка на другой поезд занимает некоторое время.

换乘另一趟火车需要一些时间。

11. В сезон массовых новогодних пассажироперевозок, людей много, встаньте в очередь и проходите в поезд.

春运期间，客流量很大，请排队上车。

12. Обратите внимание на расстояние между платформой и поездом.
请注意站台与列车间的缝隙。

13. Встаньте в очередь по жёлтым знакам остановки вагонов.
请按照黄色地标排队候车。

14. Следуйте указателям пересадочных табличек для пересадки.
请按照换乘指示标志进行换乘。

15. Можно пользоваться камерой самообслуживания для хранения багажа.
可以用自助行李寄存柜来存行李。

16. Вы можете выбрать подходящий размер камеры в соответствии с потребностями.
您可以根据需要选择合适尺寸的柜子。

17. После высадки поднимитесь на эскалаторе в зал ожидания на втором этаже.
下车后，请乘自动扶梯到二楼的候车室。

18. Спуститесь на первый этаж, потом идите налево до выхода, там можно увидеть пункт посадки пассажиров по онлайн-заказам такси.
请下到一楼，然后向左转，一直走到出口处，在那里可以看到网约车上车点。

19. Пассажирам нужно пройти через пешеходный тоннель до платформы 2.
乘客们需要通过地下通道前往 2 号站台。

20. Сейчас много людей, трудно взять такси, вам также можно заказать такси в интернете.
现在人很多，很难打到出租车，您也可以在网上叫车。

Упражнения 练习

Упражнение 1. Посмотрите на картину и выберите соответствующие русские названия.
看图并选出对应的俄语名称。

предупреждающий знак	автоматическая дверь	платформа
информационное табло	рельсовой путь	высокоскоростной поезд

Упражнение 2. Определите, пожалуйста, правильно ли следующее поведение на платформе. 请判断下列站台上的行为是否正确。

А. Заходить за белую линию безопасности.	( )
Б. Обратить внимание на расстояние между платформой и поездом.	( )
В. Встать в очередь по знакам остановки вагонов.	( )
Г. Идти не по указателям.	( )
Д. Делать пересадку по указателям.	( )

Упражнение 3. Поставьте слова в скобках в нужную форму, добавьте предлоги если нужно. 将括号中的词变为适当形式，如有需要请加上适当的前置词。

(1) Пассажирам надо следовать _____ (правило).
(2) Каждый день он пользуется _____ (компьютер).
(3) Туристы поднимаются _____ (гора), чтобы увидеть рассвет.
(4) Мы пересели _____ (поезд) в Сиане.
(5) Прошу вас следовать _____ (я).

Упражнение 4. Вставьте «который» в нужной форме. 用который 的适当形式填空。
(1) Вы знаете машиниста, _____ работает в этом поезде?
(2) Ты прочитал инструкцию, _____ проводник тебе подарил?
(3) Это мой старший брат, _____ едет в Пекин на поезде.
(4) В Сиане открылся новый торговый центр, в _____ много ресторанов.
(5) Это моя сестра, _____ я получил отличный подарок.

Упражнение 5. Составьте предложения по образцу. 仿照示例造句。

Образец:Я прочитал эту газету. Я купил эту газету в магазине.

⇩

Я прочитал газету, которую я купил в магазине.

(1) Мне нравится моя родина. На моей родине много красивых пейзажей.

_____

(2) Пассажиры едут на высокоскоростном поезде. Высокоскоростной поезд считается одним из самых быстрых транспортов в мире.

_____

（3）На экзамене моя подруга получила билет. В билете очень лёгкие вопросы.

（4）Откройте журнал на странице 66. На странице 66 есть важная новость.

Упражнение 6. Переведите словосочетания в скобках на русский язык. 请将括号内的词组翻译成俄语。
（1）Людей много, _____（请排队）и проходите в поезд.
（2）Следуйте _____（换乘标识）для пересадки.
（3）В целях вашей безопасности, встаньте за _____（安全线）.
（4）Камера _____（自助存包柜）находится напротив метро.
（5）Внимание! Внимание! Поезд _____（即将进站）.

Упражение 7. Переведите следующие предложения на китайский язык. 请将下列句子翻译成汉语。
（1）Отсканируйте QR-код на экране.

（2）В целях обеспечения вашей безопасности, встаньте за линию безопасности.

（3）Поторопитесь на посадку, поезд скоро отправляется.

（4）Вы можете следовать указателям и пройти прямо до прохода пересадки.

（5）Вы подниметесь на лифте на 2-й этаж, и проходите через турникет в зал ожидания.

Упражнение 8. Назар Алдыбав из Казахстана хочет быстро сделать пересадку, составьте диалог по картинке и покажите ему дорогу! 来自哈萨克斯坦的纳扎尔·阿尔德巴夫想要快速换乘,请根据图片编写对话并为他指路。

Чтение 拓展阅读

В период новогодних пассажироперевозок в 2024 году Китайская железная дорога перевезла 484 миллиона пассажиров

В соответствии с информацией, предоставленной Китайской государственной железнодорожной корпорацией (中国国家铁路集团有限公司), сезон массовых новогодних пассажироперевозок (Чуньюнь) в 2024 году продлился 40 дней, начиная с 26 января и заканчивая 5 марта. За указанный период железные дороги Китая перевезли 480 миллионов пассажиров, что составляет в среднем 12 миллионов 89 тысяч пассажиров в день. Это на 39% больше по сравнению с аналогичным периодом прошлого года.

В период Чуньюнь железнодорожный департамент организовал предоставление транспортных мощностей, максимально используя транспортные ресурсы новых линий и станций. В частности, были задействованы такие объекты, как высокоскоростная железная дорога Ханчжоу-Чанчжоу, высокоскоростная железная дорога Цзичжэн, междугородняя железная дорога Цзиньсин, станция Гуанчжоу Байюнь и другие, которые были открыты в 2023 году. Для увеличения пропускной способности пассажирских перевозок была организована координация работы высокоскоростной и скоростной железной дороги. Национальные железные дороги внедрили график движения поездов к Празднику Весны, согласно которому в течение одного дня курсировало максимум 2256 дополнительных пассажирских поездов.

Кроме того, Китайская государственная железнодорожная корпорация усовершенствовала систему пассажирских перевозок, оптимизировав (优化) и улучшив функционал приложения «Железная дорога 12306». Были улучшены условия обслуживания приоритетных категорий пассажиров (重点旅客): пожилых людей, лиц с ограниченными возможностями (残障人士), беременных женщин и больных. Также были оптимизированы процессы обслуживания на вокзалах и в поездах.

Ответьте на вопросы по статье. 根据文章内容回答问题。

（1）Сколько пассажиров перевезли Китайские железные дороги в период Чуньюня в 2024 году?

（2）Какова продолжительность сезона массовых новогодних пассажироперевозок?

（3）Сколько пассажиров в день перевозили китайские железные дороги в период Чуньюня?

（4）На сколько процентов увеличился пассажиропоток в период Чуньюня в 2024 году по сравнению с 2023 годом?

（5）Какие ресурсы новых линий и станций были задействованы железнодорожным управлением в период Чуньюня в 2024 году?

（6）Сколько дополнительных поездов было запущено в день для удовлетворения потребностей пассажиров?

（7）Какие меры приняла Китайская государственная железнодорожная корпорация для улучшения качества обслуживания пассажиров в период Чуньюня?

2024年春运期间全国铁路累计发送旅客4.84亿人次

从中国国家铁路集团有限公司获悉,2024年春运自1月26日至3月5日(为期40天),期间全国铁路累计发送旅客4.84亿人次,日均1208.9万人次,同比增长39%。

春运期间,铁路部门科学安排运力供给,充分用好2023年新开通的杭昌高铁、济郑高铁、津兴城际铁路、广州白云站等新线、新站运输资源,统筹高速铁路和普速铁路,加大客运能力投放。全国铁路实行春运列车运行图,单日最高加开旅客列车2256列,最大限度满足旅客出行需求。

除此之外,国铁集团还通过优化改进铁路12306售票功能、加强老幼病残孕重点旅客服务、优化车站服务等方式,进一步提升旅客出行体验。

Проект 6　Туристическое обслуживание

项目六　旅　游　服　务

学习目标

◎ 知识目标

(1) 掌握关于旅游服务的词汇。
(2) 掌握提供旅游服务过程中的常用表达。
(3) 掌握名胜古迹、人文风情等的常用表达。

◎ 能力目标

(1) 能够为旅客提供旅游服务。
(2) 能够解答旅客在旅游中的问题。
(3) 能够向旅客介绍旅游资源。

◎ 素质目标

(1) 熟悉旅游服务的流程。
(2) 具有热情、耐心、专业的岗位职业素养。
(3) 了解我国主要景点,传播美丽中国。

Разминка　热身

Сопоставьте картинки со словами. 给下面的词语选择对应的图片。

А

Б

В

Г

Д

Е

1. Терракотовая армия 兵马俑
2. Музей Гугун 故宫博物院
3. Колокольня 钟楼
4. Площадь Тяньаньмэнь 天安门广场
5. Хуашань 华山
6. Великая Китайская стена 长城

Слова и выражения 词汇短语

тур-［前缀］旅游
  туризм 旅游
  турист（-ка）旅行者
  туристический 游览的
  турфирма 旅游公司
  турагент 旅游中介
  ТСЦ（туристический сервис-центр）游客服务中心
специальный 专门的
специальный туристический поезд 旅游专列

Шёлковый путь 丝绸之路
разрешать/разрешить（кому-чему）准许
представляться/представиться（кому）向……作自我介绍
экскурсовод 导游
сопровождать/сопроводить 陪伴,伴随
путешествие 旅行
знакомиться/познакомиться（с кем-чем）与……认识
Прошу любить и жаловать! 请多关照!

терракотовый 赤陶色的,赤土色的
　　Терракотовая армия 兵马俑
занимать/занять 占用,占据
узнавать/узнать 打听,了解
отель 酒店
пагода （佛教的）宝塔
　　Большая пагода диких гусей 大雁塔
колокольня 钟楼
номер 房间
　　одноместный номер 单人间
　　двухместный номер 双人间
сходить [未] 去一趟
пересечение 交叉点
называться/назваться 被叫作
висеть [未] 悬挂
колокол 钟
оповещение 通知,通告

древний 古代的
столица 首都
династия 朝代
достопримечательность 名胜古迹
посещение 参观,访问
любоваться/полюбоваться （чем） 欣赏
мусульманский 穆斯林的
квартал 街区
　　Мусульманский квартал 回民街
недалеко (от чего) 离……不远
восход 上升,升起
　　восход солнца 日出
пейзаж 风景
закат 日落
заблудиться [完] 迷路
пещера 洞穴

Диалоги 对话

任务一　游客迎接

- Здравствуйте! Вы гражданин Смирнов из Москвы?
- Да, это я.
- Добро пожаловать на специальный туристический поезд «Шёлковый путь»! Разрешите представиться. Меня зовут Ли ли, проводник и экскурсовод этого поезда. Я буду сопровождать вас всё путешествие по Синьцзяну.
- Очень приятно с вами познакомиться! Прошу любить и жаловать!
- Сядьте в поезд, через полчаса мы начнём наше 15-дневное путешествие.
- Хорошо.

- 您好！您是来自莫斯科的斯米尔诺夫先生吗？
- 是的,我是。
- 欢迎您乘坐"丝路号"旅游专列！请允许我自我介绍。我叫李丽,是本趟列车的列车员和讲解员,我将会陪伴您度过整个新疆之旅。

- 很高兴认识您！请多关照！

- 请上车吧,半个小时后我们将开启为期15天的旅行。
- 好的。

任务二　城市观光

– Здравствуйте! Скажите, пожалуйста, как доехать до Терракотовой армии?	– 您好！请问怎么去兵马俑？
– Вы можете доехать на метро, но нужно сделать 3 пересадки, а после выхода из метро ещё нужно сесть на автобус. Вся поездка занимает около 1 часа 50 минут, 12 юаней.	– 您可以乘坐地铁，但是需要换乘3次，下地铁后还需要坐公交。全程大约1小时50分钟，花费12元。
– Это слишком долго. Есть ли другой вид транспорта?	– 时间太久了。还有其他交通方式吗？
– Вы также можете поехать на специальном автобусе от Северного вокзала Сианя до Терракотовой армии, который занимает около 40 минут.	– 您也可以乘坐西安北站到兵马俑的客运班线，大约40分钟。
– А сколько стоит?	– 票价多少钱？
– 30 юаней на каждого человека.	– 每人30元。
– Где можно сесть на этот автобус?	– 在哪儿坐车呢？
– На северной площади.	– 在北广场。
– Хорошо, это более удобно.	– 好的，这个更方便。

任务三　酒店咨询

– Добро пожаловать в Туристический сервис-центр. Чем вам помочь?	– 欢迎来到游客服务中心。有什么需要帮助的吗？
– Можете ли помочь узнать, в каком отеле около Большой пагоды диких гусей ещё есть свободный номер и принимают иностранных туристов?	– 能不能帮忙查下大雁塔附近哪个酒店有空房，且能接待外国游客？
– Хорошо. Вам нужен одноместный или двухместный?	– 好的。您需要单人间还是双人间？
– Одноместный.	– 单人间。
– На сколько дней?	– 您需要住几天？
– Три дня.	– 3天。
– Какая цена вас устроит?	– 您想要什么样的价位？
– Около 400 юаней за день.	– 400元左右一天。

– Хорошо. В отеле «Датан» ещё есть свободные номера, 380 юаней за ночь, можно? – Да, спасибо!	– 好的。大唐酒店还有房，380元一晚，可以吗？ – 可以，谢谢！

任务四　旅游线路推荐　●●●

– До отправления моего поезда ещё 5 часов, я хочу погулять по городу. – Вы можете сходить на Колокольню, которая построилась в 1384 году, находится на пересечении улиц Восточной, Западной, Южной и Северной, является центром города Сианя. – Почему она называется Колокольней? – Раньше на Колокольне висел огромный колокол для оповещения о времени, поэтому она получила это название. – Говорят, что Сиань был древней столицей 13 династий, и имеет много достопримечательностей. – Да. После посещения Колокольни вы можете подняться на городскую стену Сианя, чтобы любоваться закатом, потом сходите в мусульманский квартал на ужин. Все эти места находятся недалеко друг от друга. – Отличная идея!	– 离我的火车开车还有5小时,我想去市里转转。 – 您可以去钟楼,它始建于1384年,位于东、西、南、北大街的交汇处,是西安市的中心。 – 它为什么叫钟楼？ – 从前,塔上挂着一口大钟用来报时,钟楼因此得名。 – 听说西安是十三朝古都,有很多名胜古迹。 – 是的。参观完钟楼,还可以登上西安城墙,看落日余晖,然后去回民街吃晚餐。这些地方都相距不远。 – 好主意！

Комментарии 语法注释

1. 专有名词的翻译

专有名词通常指人名、地名、机关、团体等的名称,翻译专有名词时,应认真查阅有关工具书和资料。总的来说,中文人名、地名、景点名称的翻译多采用音译的方法,可参照《汉俄音译表》(见附录)进行翻译,但需要注意的是,有些专有名词有约定俗称的译文,一般应沿用。如:

（1）姓名的翻译

中国人姓名按照汉俄译音规则来翻译。姓与名开头字母均应大写，名字要连写。

Ли Имин 李一鸣　　　　　　　　Чжан Линь 张琳

Сунь Чэнъюй 孙成宇　　　　　　Чжу Сихуэй 朱席辉

Лю Чжэньлинь 刘正林　　　　　Шэн Тиншань 沈廷山

（2）地名的翻译

①地名单位及缩写：

провинция（пров.）省

автономный район 自治区

город（г.）城市

район（р-н.）区

проспект（пр.）大街

улица（ул.）街，路

переулок（пер.）巷，胡同

микрорайон 小区

②地理名词大多都采用音译的方法，可加上单位名。例如：

провинция Шэньси 陕西省　　　Шаньси 山西省

город Сиань 西安市　　　　　　Тяньцзинь 天津市

река Янцзы 长江　　　　　　　Хуанхэ 黄河

③街道一般采用"普通名词+音译全名"的译法。例如：

проспект Хуаюаньцзе 花园街　　улица Жэньминьлу 人民路

улица Сюефулу 学府路　　　　проспект Нанкинлу 南京路

④有些地名采用约定俗称的译法，此时应沿用。例如：

Пекин 北京　　　　　　　　　　Внутренняя Монголия 内蒙古

Харбин 哈尔滨

（3）名胜古迹的翻译

名胜古迹作为专有名词的一种，蕴含了丰富的民族文化特色，有些可以直接音译，但还有很多已有固定的或约定俗称的译法，此时应多查询相关资料，借助词典，找到准确而科学的翻译。例如：

Площадь Тяньаньмэнь 天安门广场

Музей Гугун（Запретный город）故宫

Летний дворец（парк Ихэюань）颐和园

Пещерные гроты Юньган 云冈石窟

Терракотовая армия 兵马俑

Храм Неба 天坛

Великая Китайская стена 长城

Храм Конфуция 孔庙

Колокольня 钟楼

Барабанная башня 鼓楼

Большая пагода диких гусей 大雁塔

Телебашня Восточная жемчужина 东方明珠电视塔

Национальный музей Китая 中国国家博物馆

Монастырь Шаолинь 少林寺

2. Добро пожаловать！欢迎光临！

　　Добро пожаловать（куда）欢迎来到……

①Добро пожаловать, Диана Тлеулессова!
欢迎您,季安娜·特列伊索娃!

②Добро пожаловать на поезд «Фусин»!
欢迎乘坐复兴号列车!

③Добро пожаловать к нам в гости!
欢迎来我们这里做客!

3. представляться / представиться кому 向……作自我介绍

①Позвольте представиться: Чжан Хуа, машинист этого поезда.
请允许自我介绍一下:张华,本次列车的司机。

②Разрешите мне представиться. Меня зовут Ван Вэй.
请允许我自我介绍。我叫王伟。

③Дежурный по вокзалу вошёл в вагон и представился пассажирам.
车站值班员走进办公室,向乘客们作了自我介绍。

4. через…经过(多长时间)

前置词 через 接第四格,除表示"穿过(某地)""越过(某地)"外,还可表示"经过(若干时间)"。例如:

①Поезд прибывает на конечную станцию через полчаса.
火车在半小时后到达终点站。

②Через 10 минут я вам позвоню.
10 分钟后我给你打电话。

③Поезд придёт через час.
火车一小时后到达。

5. 前置词 за + 时间名词第四格,在……时间内(完成或发生某动作)

①Он выполнил свою роботу за 3 часа.
他用 3 个小时完成了自己的工作。

②Сколько стоит одноместный номер за ночь?
单人间每晚多少钱?

③Специалист решил эту проблему за час.
专家在一小时内就解决了问题。

6. называться/назваться кем-чем 名字是，叫作

①Как называется это место?
这个地方叫什么名字？
②Музей Гугун также называется Запретным городом.
故宫博物院也叫紫禁城。
③Это озеро называется природным чудом.
这个湖被称为自然奇观。

7. любоваться кем-чем 欣赏

①Туристы любуются восходом солнца на горах Хуашань.
游客在华山上欣赏日出。
②Всем нравится любоваться красивым пейзажем.
所有人都喜欢欣赏美丽的景色。
③Они сидели в парке и любовались закатом.
他们坐在公园里欣赏日落。

Предложения 实用句式

1. Добро пожаловать в город Сиань!
欢迎来到西安市！
2. Разрешите/позвольте мне представиться.
请允许我自我介绍。
3. Как проехать на главную улицу?
怎么去主街呢？
4. Каким автобусом можно добраться до музея?
坐哪趟公交车可以到博物馆？
5. Мне нужно пересесть на другой автобус?
我需要换乘公交车吗？
6. В древном Китае, Колькольня использовалась для оповещения граждан о времени.
在中国古代，钟楼用于向人们报时。
7. В свободное время, местным людям нравится подниматься на городскую стену и гулять.
在空闲时间，当地人喜欢登上城墙散步。
8. Если вы хотите любоваться восходом солнца, можно подняться на горы Хуашань.
如果您想欣赏日出，可以去爬华山。
9. Все достопримечательности недалеко друг от друга.
所有的景点都相距不远。
10. Где я могу попробовать местные блюда?

哪里可以品尝到当地的美食？

11. Простите, я заблудился.
对不起，我迷路了。

12. Сколько времени ехать?
过去要多长时间？

13. Где ближайшая остановка автобуса?
最近的公交车站在哪里？

14. Вам стоит посетить Пещеры Лунмэнь.
龙门石窟非常值得一去。

15. Мне нужен двухместный номер.
我要一个双人间。

16. Сиань был древней столицей 13 династий, и имеет много достопримечательностей.
西安是十三朝古都，有很多名胜古迹。

Упражнения 练习

Упражнение 1. Переведите следующие словосочетания. 翻译下列词组。

北大街_____   故宫_____
黄河_____   颐和园_____
解放路_____   历史名胜古迹_____
钟楼_____   陕西历史博物馆_____
回民街_____   内蒙古_____

Упражнение 2. Напишите рассказ о городе Сиань по образцу. 仿照示例，写一段西安的城市介绍。

Образец:

ПЕКИН

Пекин-столица Китайской Народной Республики, является политическим, культурным, научно-техническим центром и центром международных обменов. На 2023 год его население составляет более 21 миллиона человек. Площадь города-около 16 410 квадратных километров, что делает его одним из крупных по площади городов Китая. В Пекине много известных достопримечательностей, такие как Великая Китайская стена, площадь Тяньаньмэнь, Летний дворец, Храм Неба и Запретный город и так далее.

_____
_____
_____
_____

Упражнение 3. Измените слова или словосочетания в скобках в нужной форме. 将括号中的单词或词组变为适当的形式。

（1）Храм Неба находится в южной части _____（город）.

（2）Тяньаньмэнь- _____（самый большой）площадь в мире.

（3）Через _____（минута）отправляется поезд.

（4）_____（Мы）надо доехать до Храма Конфуция до 5 часов вечера.

（5）Терракотовая армия _____（известный）всему миру.

（6）Можно любоваться _____（закат）на горе.

Упражнение 4. Посмотрите следующие картины и запишите названия этих достопримечательностей на русском языке. 看图并写出下列景点的俄语表达。

Упражнение 5. Переведите следующие предложения на китайский язык. 请将下列句子翻译成汉语。

(1) Хэфэй-это экономический, политический, культурный, туристический и информационный центр провинции Аньхой.

_____

(2) Гора Тайшань находится в середине провинции Шаньдун.

_____

(3) Сиань был столицей 13 династий Китая и отправной точкой древнего Шёлкового пути.

_____

(4) 18-19 мая 2023 года саммит "Китай-Центральная Азия" провели в городе Сиане. Сиань станет свидетелем новой эры сотрудничества Китая и Центральной Азии.

_____

(5) Много людей любуется восходом солнца на вершине горы Хуашань.

_____

Упражнение 6. Казахский пассажир Назар Алдыбав планирует посетить ваш город на 3 дня, организуйте для него экскурсию. 哈萨克乘客纳扎尔·阿尔德巴夫计划在你的城市游玩3天,请给他安排一条旅游线路吧。

Чтение 拓展阅读

Железная дорога открывает новую главу в сфере культурного туризма

В условиях активного развития железнодорожной отрасли в Китае, организация специальных туристических поездов представляет собой инновационное решение, направленное на удовлетворение новых потребностей пассажиров и повышение качества предоставляемых услуг.

В рамках специальных туристических поездок пассажиры могут насладиться живописными видами и неторопливым путешествием. Например, можно отправиться в летний отпуск на фольклорном (民俗的) туристическом поезде «Лунцзин». Также можно совершить поездку на поезде «Мечта Шёлкового пути», чтобы полюбоваться уникальными пейзажами Цинхай-Тибетского нагорья. На красном туристическом поезде «Южное озеро — 1921» можно узнать об истории Коммунистической партии. На туристическом поезде «Катюша» можно проехать через горы Большой и Малый Хинган. С января по июль 2024 года было организовано 992 специальных туристических поезда. Многие из этих поездов предлагают проживание, питание, культурные мероприятия и развлечения, что делает их популярными среди туристов.

Ответьте на вопросы по статье. 根据文章内容回答问题。

（1）О чём говорится в этой статье?

（2）Сколько туристических поездов специального назначения отправились в путь в период с января по июль 2024 года?

（3）Как называется туристический поезд, позволяющий познакомиться с историей Коммунистической партии?

（4）Какие услуги предлагает туристический поезд?

（5）Какой туристический поезд позволит насладиться видами гор Большой и Малый Хинган?

（6）Какие достопримечательности можно увидеть, путешествуя на поезде «Мечта Шёлкового пути»?

铁路开启文旅新篇章

随着我国铁路事业的飞速发展，开通旅游专列正成为铁路部门满足旅客新需求、提升旅游体验的创新举措。

乘坐旅游专列，游客可以欣赏沿途美景，体验慢节奏的旅程。如搭乘"龙井号"民俗旅游专列开启消夏避暑之旅，乘坐"丝路梦想号"欣赏青藏高原的独特风光，在"南湖·1921"红色旅游专列上沉浸了解红色故事，乘坐"喀秋莎号"旅游专列穿越大小兴安岭。2024年1月至7月，铁路部门已开行旅游专列992列，许多集住宿、美食、文化和娱乐于一体的特色旅游列车受到游客的欢迎。

Часть 2 模块二

Обслуживание в поездах
列 车 服 务

Проект 1　Добро пожаловать в поезд

项目一　欢 迎 乘 车

学习目标

◎ 知识目标

(1) 掌握关于高铁发展相关词汇。
(2) 掌握列车设备的固定表达。
(3) 掌握欢迎旅客乘车的常用表达。

◎ 能力目标

(1) 能够介绍中国高铁。
(2) 能够讲解列车上的设备。
(3) 能够回答旅客的各种问题。

◎ 素质目标

(1) 熟悉列车上的资源和设备。
(2) 具备热情、专业的岗位职业素养。
(3) 了解我国高铁发展历程。

Разминка 热身

Сопоставьте картинки со словами. 给下面的词语选择对应的图片。

А

Б

В

Г

Д

Е

1. спальное место 卧铺
2. купейный вагон 软卧车厢
3. скорость движения 运行速度
4. плацкартный вагон 硬卧车厢

5. первый класс 一等座
6. кабина машиниста 驾驶室

Слова и выражения 词汇短语

кабина 小室
означать [未] 意思是
вагон 车厢
 сидячий вагон 硬座车厢
 плацкартный вагон 硬卧车厢
 купейный вагон 软卧车厢
серия 系列,套
существовать 有,存在
основной 主要的
 в основном 主要地
скорость 速度
 максимальная скорость 最高速度
 средняя скорость 平均速度
разрабатывать/разработать 研究,仔细制定
внедрение 采用
зарубежный 国外的
технология 技术
поколение 代,辈
интеллектуальная собственность 知识产权
эксплуатационный 运行的
составлять/составить 是……,系……,共计……
эксплуатироваться 运行,经营
высокоскоростная железная дорога Гуаньшэньган (Гуанчжоу—Шэньчжэнь—Гонконг) 广深港高速铁路
тип 类型
перевозка 运输

дальний 远的
соседний 临近的
оборудование 设施,设备
С удовольствием 很乐意
сиденье 座位
розетка 插座
зарядка 充电;体操
спинка 靠背;后背
регулировать/отрегулировать 调整
ручка 把手,手柄
подлокотник 扶手
шторка 调光板,窗帘
 солнцезащитная шторка 遮光帘
смежный 相邻的,邻接的
унитаз 坐便器
 обычный унитаз 坐便器
 напольный унитаз 蹲便器
умывальник 洗漱台
жидкое мыло 洗手液
объяснение 解释
место (卧车的)铺
 спальное место 卧铺
 верхнее место 上铺
 среднее место 中铺
 нижнее место 下铺
командировка 出差
тянуть/потянуть 拉,拽

Диалоги 对话

任务一　中国高铁列车型号

— Что означает CR на вагоне?
— CR означает серию поездов «Фусин».
— Ещё есть ли другие серии?
— В Китае существуют 2 основные серии высокоскоростных поездов: «Хэсе» и «Фусин».
— Можете рассказать о них?
— Конечно. Поезд «Хэсе», также называется серией поездов CRH, который разработали на основе внедрения зарубежных технологий. Поезд «Фусин» - высокоскоростной поезд нового поколения, который разработал Китай с полным правом интеллектуальной собственности, эксплуатационная скорость составляет 350 км/ч.
— Высокоскоростные железные дороги в Китае развиваются действительно быстро!

— 请问车身上的 CR 是什么意思？
— CR 代表复兴号系列列车。
— 还有其他系列吗？
— 中国现在有两个主系列高速列车,分别是和谐号和复兴号。
— 可以分别介绍一下吗？
— 当然。和谐号也被称作 CRH 系列动车组,是在引进国外技术的基础上研发的高速列车。复兴号是中国自主研发、具有完全知识产权的新一代高速列车,运行速度可达 350 千米/小时。
— 高铁在中国发展得真快啊！

任务二　中国高铁列车组

— Почему некоторые скоростные поезда начинаются на литеры G, а некоторые на D или C?
— Это три типа высокоскоростных поездов в Китае. Тип G используются в основном для перевозок на дальние расстояния, тип D двигается между крупными городами для частного транспортного сообщения, а тип C-только для движения на короткие расстояния между соседними городами.
— А какой же вид поездов самый быстрый?
— Конечно же поезд G, развивают скорость до 350 км/ч.

— 为什么有些高铁的编号是 G 开头,有些是 D 开头或者 C 开头？
— 这分别代表了中国高铁的 3 种类型。G 字头列车主要用于长距离运输；D 字头列车,主要服务于大城市间频繁的交通运输；C 字头列车只用于临近城市间的短途运输。
— 那哪种类型的车速度最快？
— 当然是 G 字头列车了,速度可达 350 千米/小时。

任务三 设施介绍	
– Здравствуйте! Можете ли мне рассказать об оборудованиях в этом поезде? – С удовольствием! Под сиденьем есть розетки для зарядки; спинку сиденья можно регулировать через ручку под подлокотником; на окнах есть солнцезащитные шторки; туалеты находятся в смежной части вагонов и бывают двух типов: обычный унитаз и напольный унитаз; в поезде также есть умывальник с жидким мылом и бумагой. – А где можно взять горячую воду? – В смежной части вагона есть кулер, там можно взять горячую воду. – Понятно. Спасибо за объяснение.	– 您好！能否介绍下本次列车上的设施？ – 非常乐意！您的座椅下方有充电插座；扶手下的拉手可以调节座椅靠背；车窗装有遮光帘；卫生间位于车厢连接处，坐便式和蹲便式两种；列车上还有洗手台，并配备有洗手液和手纸。 – 那哪里可以接热水呢？ – 车厢连接处有饮水器，可以接热水。 – 明白了，谢谢讲解。

任务四 寻找卧铺	
– Здравствуйте! Это восьмой купейный вагон? – Нет. Это плацкартный вагон, купейный вагон находится впереди. – Хорошо, спасибо! （В восьмом вагоне） – Извините, нижнее место №5, это моё место. – Прошу прощение, кажется, я не на том месте. Моё место над вашим. – Ничего. Вы тоже в Чанчунь едете? – Да, в командировку. – А я путешествую. Меня зовут Назар, приехал из Казахстана, приятно с вами познакомиться!	– 您好！这是8号软卧车厢吗？ – 不是。这是硬卧车厢，软卧车厢在前面。 – 好的，谢谢！ （在8号车厢） – 不好意思，5号下铺是我的铺位。 – 对不起，我好像坐错地方了。我在您上铺。 – 没关系。您也是去长春吗？ – 是的，我去出差。 – 我去旅游。我叫纳扎尔，来自哈萨克斯坦，很高兴认识你！

Комментарии 语法注释

1. рассказывать/рассказать о ком-чём

表达言语、思维的动词通常与前置词 о（关于）连用，接第六格。常见的动词有：говорить

(说),разговаривать(交谈),беседовать(会谈),спрашивать(询问,打听),сообщать(通知),думать(思考,想),зыбывать(忘记),вспоминать(回忆)等。例如：

①Проводник рассказал пассажирам о развитии высокоскоростной железной дороги.
列车员向乘客介绍高速铁路的发展。

②Она спрашивает о расписании отправления поездов.
她在询问列车出发的时刻表。

③Миша часто вспоминает о путешествии в Китае.
米沙经常回忆在中国旅行的事。

2. чтобы 从句

чтобы 是目的从句种常用的连接词,表示主句行为的目的、愿望。在 чтобы 引导的从句中,如果主句与从句的行为属于同一主体,从句的谓语动词用不定式,且从句省略主语;如果主句与从句的行为是不同主体,从句的谓语应用过去时。例如：

①Экскурсовод позвонил, чтобы рассказать ему об экскурсии.
导游打电话告诉他游览日程。

②Она поехала в Сиань, чтобы изучать китайскую культуру.
她来西安学习中文。

③Они ездили в Пекин, чтобы сын познакомился со столицей Китая.
他们来北京是为了让儿子认识中国的首都。

3. разрабатывать/разработать 研究,分析,仔细制定

①В Китае разрабатывают новую модель высокоскоростного поезда Фусин.
中国正在研发新款复兴号高铁。

②Учёные разработали могого новых технологий по высокоскоростной железной дороге.
科学家们研发了很多高铁方面的新技术。

③Нам нужно разработать план действий для этого проекта.
我们需要为该项目制定一项行动计划。

4. скорость составляет… 速度是……

①Текущая скорость поезда составляет около 350 км/ч.
当前火车的速度约为 350 公里/小时。

②Средняя скорость этого поезда составила 300 км/ч.
这列火车的平均时速为 300 公里。

③Максимальная скорость этого поезда составляет 400 км/ч.
这列火车的最高时速为 400 公里。

5. кажется…似乎,好像

①Мне кажется, что всё хорошо.
我感到一切都很顺利。

②Кажется, я вас не беспокою?
我没打扰您吧？

③Кажется, что сегодня будет прекрасный день для поездки.

看来今天是出游的好日子。

6. в командировку 出差

①Она уехала в командирову на поезде.

她坐火车去出差。

②Он часто ездит в Пекин в командировку.

他经常去北京出差。

③Компания отправила его в командировку для участия в важной встрече.

公司派他出差参加一个重要会议。

Предложения 实用句式

1. В Китае существуют 2 основные серии высокоскоростных поездов: «Хэсе» и «Фусин».

中国现在有两个主系列高速列车, 分别是和谐号、复兴号。

2. Текущая скорость поезда составляет 325 км/ч.

当前火车的速度为 325 公里/小时。

3. Под вашим сиденьем есть розетки для зарядки.

您的座位下面有插座。

4. Можно взять горячую воду в смежной части вагонов.

可以在车厢连接处接热水。

5. Сколько стоит поезд?

火车停靠多久?

6. Поезд идёт по расписанию.

火车正点运行。

7. Купейный вагон – четырёхместное купе.

软卧是四人包厢。

8. Если вам не удобно, можно регулировать спинку сиденья.

如果您不舒服,可以调整座椅靠背。

9. Сейчас солнце слишком яркое, давайте опустим солнцезащитную шторку.

现在阳光太强烈了,我们把遮阳帘拉下来吧。

10. Где можно вымыть руки?

什么地方可以洗手?

11. Мы поедем в Чаньчун в командировку.

我们要去长春出差。

12. Проводник рассказывает пассажирам об оборудованиях в поезде.

乘务员在向乘客介绍列车上的设备。

13. Чтобы развивать высокоскоростной поезд, учёные разработали много новых технологий.

为了发展高铁，科学家们研发了很多新技术。

14. Высокоскоростные железные дороги в Китае быстро развиваются.
中国高铁正在高速发展。

15. В Китае три типа высокоскоростных поездов: поезд с литерами G, поезд с литерами D и поезд с литерами C.
中国有三种高铁类型:G 字头列车、D 字头列车和 C 字头列车。

Упражнения 练习

Упражнение 1. Выберите и заполните слова и словосочетания. 选词填空。

遮光帘＿＿＿＿＿＿＿＿＿＿　　洗手间＿＿＿＿＿＿＿＿＿＿

充电插座＿＿＿＿＿＿＿＿＿＿　　洗手池＿＿＿＿＿＿＿＿＿＿

下铺＿＿＿＿＿＿＿＿＿＿＿＿　　硬卧＿＿＿＿＿＿＿＿＿＿＿

卧铺＿＿＿＿＿＿＿＿＿＿＿＿　　调节座椅靠背＿＿＿＿＿＿＿

直达车＿＿＿＿＿＿＿＿＿＿＿　　坐便器＿＿＿＿＿＿＿＿＿＿

нижнее место	розетка для зарядки	плацкартный вагон
туалет	умывальник	прямой поезд	солнцезащитная шторка
спальное место	обычный унитаз	регулировать спинку сиденья

Упражнение 2. Представьте, что вы проводник поезда «Фусин», ответьте на следующие вопросы. 假设您是复兴号列车员，请回答下列问题。

(1) Солнце слишком яркое, я не могу хорошо отдохнуть, что делать?
_____

(2) Скажите, где можно зарядить телефон?
_____

(3) Можно ли посетить кабину машиниста?
_____

(4) Где можно курить?
_____

(5) Есть ли Wi-Fi в поезде?
_____

Упражнение 3. Вставьте подходящие предлоги. 请填入适当的前置词。

(1) Я поеду в Пекин _____ командировку.

(2) _____ сиденьем есть розетки для зарядки телефонов.

(3) Максимальная скорость этого поезда _____ 300 км/ч.

（4）Моё место _____ окна.

（5）Дедушка рассказал мне _____ китайской культуре.

（6）Нам надо доехать до вокзала _____ 30 минут _____ отправления.

Упражнение 4. Переведите следующие предложения на китайский язык. 请将下列句子翻译成汉语。

（1）В Китае существуют 2 основные серии высокоскоростных поездов: «Хэсе» и «Фусин».

（2）Скоростные поезда начинаются на С двигаются на короткие расстояния между соседними городами.

（3）Поезд «Фусин» - высокоскоростной поезд нового поколения, который разработал Китай с полным правом интеллектуальной собственности.

（4）У умывальника есть жидкое мыло и бумага.

（5）Какая сейчас скорость нашего поезда?

Упражение 5. Переведите следующие предложения на русский язык. 请将下列句子翻译成俄语。

(1) 您的座位号是3车6A, 请继续往前走。

(2) 洗手台上方有纸巾供您使用。

(3) 最新款复兴号列车的时速可达400公里。

(4) 在中国，越来越多的人选择乘坐高铁出行。

(5) 在每节车厢的末尾都有洗手池。

Упражнение 6. Напишите краткий рассказ о высокоскоростной железной дороге Китая с помощью содержания этого урока и информации в интернете. 请结合本课内容并查阅资料，写一篇关于中国高铁的简短介绍。

Рассказ о высокоскоростной железной дороге Китая

Чтение 拓展阅读

История развития высокоскоростных железных дорог в Китае

Развитие высокоскоростных железных дорог в Китае прошло ряд важных этапов и внесло значительный вклад в формирование современной системы высокоскоростного железнодорожного транспорта.

На начальном этапе в Китае были предприняты первые шаги по созданию более скоростных поездов. Поезда первого поколения были разработаны на основе технологий того времени и имели относительно низкую скорость и простую конструкцию. Однако это стало основой для дальнейшего развития.

Второй этап развития железнодорожной отрасли в Китае привёл к появлению более совершенных моделей поездов. В этот период Китай активно сотрудничал с иностранными партнёрами, обмениваясь опытом и знаниями. Китайские учёные и инженеры внедряли новые технологии, что позволило увеличить скорость движения поездов и улучшить условия для пассажиров.

Поезда, созданные на основе этих технологий, имеют более совершенную конструкцию, улучшенную аэродинамику и эффективную систему привода. Они оснащены комфортными сиденьями и улучшенной системой вентиляции. Это свидетельствует о том, что Китай способен создавать более совершенные модели поездов на основе собственных технологий.

На третьем этапе развития находится новое поколение высокоскоростных поездов «Фусинхао» и «Хэсехао», которые отличаются высокой скоростью, комфортом и передовыми технологиями. Они оснащены новейшими системами управления, интеллектуальными системами безопасности, высококачественными системами вентиляции и кондиционирования воздуха, а также более широкими сиденьями, большими столами и удобными багажными полками. Эти поезда стали символом технического прогресса Китая и лидерства в области железнодорожных перевозок. Они демонстрируют способность Китая создавать конкурентоспособные модели высокоскоростных поездов.

Развитие высокоскоростных железных дорог в Китае имеет большое значение. Оно не только улучшило условия пассажирских перевозок, но и способствовало экономическому развитию страны, укрепило позиции Китая в мировой сфере железнодорожных перевозок. Высокоскоростные железные дороги обеспечивают быстрое перемещение людей и товаров между городами, что является важным фактором экономического роста. Кроме того, они способствуют развитию туризма, обеспечивая быстрое и комфортное передвижение по стране.

Ответьте на вопросы по статье. 根据文章内容回答问题。

（1）Сколько этапов прошло в развитии высокоскоростных железных дорог в Китае?

（2）Какие характеристики были присущи первому поколению поездов?

（3）Какие новые технологии были внедрены на втором этапе развития высокоскоростных железных дорог?

（4）Каковы характеристики третьего поколения поездов?

（5）Что является символом технического прогресса и лидерства Китая в области железнодорожных перевозок?

（6）Что означает прогресс в развитии высокоскоростных железных дорог в Китае?

中国高铁的发展历程

中国高铁发展历经的重要阶段，为现代高速铁路运输系统的形成做出了巨大贡献。

在起步阶段，中国首次尝试制造更快的列车。第一代列车是基于当时的技术设计，速度相对较慢且结构简单，但为后续发展奠定了基础。

然后，第二代列车型号更趋完善。在此期间，中国积极与外国合作，交流经验知识，中国科学家和工程师积极引入新技术，提高列车速度，改善乘坐条件。

这些列车拥有更先进的设计，改良了空气动力学，拥有更有效的驱动系统，还配备了舒适的座椅、改良的通风系统等便利设施，标志着中国能基于自身技术开发出更好的列车型号。

在第三阶段，以"复兴号"和"和谐号"为代表的新一代高铁列车正处于发展巅峰。它们有着不同于大多数高速列车的舒适感和更先进的技术，配备现代控制系统、智能安全系统和高质量通风及空调系统，还有更宽的座椅、更大的桌子和更便利的行李架。这表明中国能够造出与世界最好型号竞争的列车，它们已经成为中国铁路运输技术进步和领先的象征。

中国高铁的发展具有重大意义。它不仅改善了乘客出行条件，还促进了国家经济发展，提高了中国在世界铁路运输领域的地位。中国高速铁路的发展进步具有重大意义。中国高铁为城市间货物的运输提供了快速通道。同时，它们也使国内旅行更加快速舒适，促进了旅游业的发展。

Проект 2　Обслуживание в вагонах

项目二　车　厢　服　务

学习目标

◎ 知识目标

(1) 掌握关于车厢服务的相关词汇。
(2) 掌握车上补票、座位调整等场景下的常用表达。
(3) 掌握行李放置的相关要求。

◎ 能力目标

(1) 能够帮助旅客寻找座位、车上补票。
(2) 能够正确处理客运服务中的座位调整问题。
(3) 能够正确引导旅客放置行李。

◎ 素质目标

(1) 熟悉票务服务中的相关规定。
(2) 具备主动服务意识和解决突发情况的能力。
(3) 具有精益求精的工匠精神和乘务岗位的职业素养。

Разминка 热身

Сопоставьте картинки со словами. 给下面的词语选择对应的图片。

А

Б

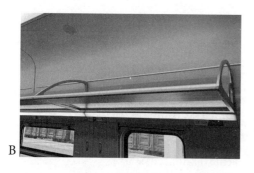

1. крючок для одежды 衣帽钩
2. багажная полка 行李架
3. место у окна 靠窗座位
4. тихий вагон 静音车厢
5. полки для крупногабаритного багажа 大件行李存放处
6. номер места 座位号

Слова и выражения 词汇短语

предъявлять/предъявить 出示，提出
перепутывать/перепутать 搞错；混淆
позволять/позволить（кому-чему）允许
справляться/справиться（с чем）胜任，能完成
домовый 房子的，住房的
　домовая книга 户口本
подтверждать/подтвердить 确认
исполняться/исполниться（年龄）满

требоваться 需要
оформить билет 补票
грузоподъёмность 承重，负荷能力
ограниченный 有限的，不大的
снимать/снять 拿下，取下，摘下
столик 小桌板
предлагать/предложить（кому-чему）提供；提议
наверх 向上，往上

тяжёлый 重的
помещать/поместить 安顿,放入
крупногабаритный 大尺寸的,大型的
полка 架子,隔板
 полка для крупногабаритного багажа 大件行李存放处
 багажная полка 行李架
соскальзывать/соскользнуть（с кого-чего）滑落,滑下
опасно 危险地
какой-нибудь 什么样的
размещать/разместить 布置好,摆好
жалоба（на что）抱怨,诉苦
водительские права 驾照
высококвалифицированный 高技术的
талант 才能;人才

опоздание 延迟,耽误,
верхний 穿在外面的;上面的
 верхняя одежда 外套
ровно 平均地
ушибать/ушибить 碰伤;打疼
карман 口袋
вешать/повесить 悬挂
продлевать/продлить 延长,延期
крыша 屋顶;盖子
термос 保温杯
закручивать/закрутить 拧紧,扭紧
проливать/пролить 洒出,洒掉
обжигаться/обжечься 烧伤,烫伤
крючок 小钩
улучшение 提高

Диалоги 对话

任务一　座位引导

— Здравствуйте! Кажется, вы сели не на то место.
— Вы уверены? Моё место 5В.
— Предъявите ваше удостоверение личности и билет, пожалуйста, я ещё раз проверю.
— Хорошо. Вот, пожалуйста.
— Ваше место в вагоне № 7, место 5В, а это вагон № 8.
— Кажется, я перепутала вагоны. Прошу прощение, я сейчас вернусь на своё место.
— Позвольте мне помочь вам с багажом?
— Спасибо, не надо, я справлюсь сама.
— Хорошо, проходите вперёд в вагон № 7.

— 您好！您似乎坐错位置了。
— 确定吗？我的座位是 5В 啊。
— 请出示您的身份证件,我再确认一下。
— 好的。这就是。
— 您的座位是 7 车 5В 号,这是 8 车。
— 看来我走错车厢了。不好意思,我这就回到自己的座位上。
— 让我帮您拿行李吧?
— 谢谢,不用,我自己可以。
— 好的,请向前走就到 7 号车厢了。

任务二　车上补票

– Здравствуйте! Вы купили билет своему ребёнку? – Не купила. Он ещё маленький. – Предъявите документы на ребёнка пожалуйста, нам надо подвердить, нужен ли ему билет. – Хорошо. – Вашему ребёнку исполнилось 7 лет, в соответствии с последними правилами, если ребёнок старше 6 лет, требуется наличие детского билета. Пожалуйста, оформите билет. – Сколько я должен заплатить? – Детские билеты со скидкой 50% от общей стоимости билетов, вам надо заплатить 75 юаней. – Хорошо.	– 您好,请问您给孩子购买车票了吗？ – 没有买,他还小。 – 请出示孩子的证件,我们需要核实他是否需要买票。 – 好的。 – 您的孩子7周岁了,按照最新规定,6岁以上儿童需要购买儿童票。请您办理补票。 – 我应该付多少钱？ – 儿童票可享受总票价的五折优惠,您需要支付75元。 – 好的。

任务三　小件物品放置

– Здравствуйте, девушка! Скажите, пожалуйста, это ваш рюкзак? – Да, мой. – Грузоподъёмность столика ограниченна, снимите рюкзак со столика. – Можно ли положить его под моим сиденьем? – Предлагаю вам положить рюкзак в багажную полку наверх. – Хорошо, рюкзак немного тяжёлый, вы не можете помочь мне? – Конечно. – Спасибо большое!	– 您好,姑娘！请问这是您的书包吗？ – 是我的。 – 小桌板承重有限,请把小桌板上的书包取下来。 – 可以把它放在座位底下吗？ – 建议您把书包放在上面的行李架上。 – 好的,包有些重,您能帮我一下吗？ – 当然可以。 – 十分感谢！

任务四　大件行李摆放

– Здравствуйте, мой чемодан слишком большой, куда я могу его положить? – Доброе утро! Ваш чемодан можно поместить на полку для крупногабаритного багажа. – Там далеко от моего места, могу ли я положить его на багажную полку наверх? – Извините, но нельзя. Ваш чемодан слишком большой, он может соскользнуть с багажной полки, это очень опасно. – Есть ли ещё какое-нибудь место куда можно положить багаж? – Вам можно разместить его за последним рядом сидений, там близко к вашему месту. – Да, так очень удобно. Спасибо!	– 您好！我的行李箱太大了，可以放在哪儿呢？ – 早上好！您的行李可以放在大件行李架上。 – 那里离我的座位太远了，我可以放在上方行李架上吗？ – 抱歉，不可以。您的行李箱太大了，它可能从行李架上滑落下来，这非常危险。 – 还有什么地方可以放行李吗？ – 您可以放在最后一排座椅的后面，那儿离您的座位较近。 – 是的，这样很方便。谢谢！

Комментарии 语法注释

1. предъявить кому что 出示；提出

①Предъявите удостоверение личности, по которому вы покупали билет.
请出示购票时所使用的身份证件。
②Студент предъявил студенческий билет для подтверждения права на скидку.
大学生出示了学生证以确认享受折扣的资格。
③Пассажир предъявил жалобу на качество обслуживания.
乘客对服务质量提出投诉。

2. позволить кому-чему 允许；使有可能

①Мама не позволяет девочке шуметь в поезде.
父母不允许小女孩在火车上吵闹。
② Электронные билеты позволяют пассажирам быстро входить на вокзал без длинных очередей.
电子客票可让乘客快速进站，无须排长队。
③Это приложение позволяет пассажирам выбирать места онлайн.
该应用程序允许乘客在线选择座位。

3. справиться с кем-чем 胜任，能完成

①Железнодорожное управление успешно справлялось с огромным пассажиропотоком во время праздников.

铁路局成功应对了节假日期间的庞大客流量。

②Я уверен, что ты сможешь справиться с этой трудностей.

我相信你能克服这个困难。

③Сотрудник станции справляется с ситуацией опаздывания поездов.

车站工作人员在处理火车晚点的情况。

4. исполниться（кому-чему 或无人称）(年龄) 满

第一、二人称不用。

①Если ребёнку исполняется 6 лет, тогда надо купить детский билет для него.

如果您的孩子年满6岁，您需要为他购买儿童票。

②Когда ему исполнится 18 лет, он может получить водительские права.

当他满18岁时，他可以考取驾照。

③В этом году моему родному городу исполняется 100 лет.

今年我的家乡建成100周年。

5. Требоваться кому… 被……需要

①Пассажирам требуется отдых.

旅客们需要休息。

②Этому проекту требуются высококвалифицированные таланты.

这个项目需要高技能人才。

③Нам требуется много времени.

我们需要很多时间。

6. снять что с кого-чего 拿下，取下；脱下

① Поезд скоро прибывает на конечную станцию, пассажиры снимают пальто с крючков для одежды.

火车即将到达终点站，乘客从衣帽钩上取下大衣。

②Прошу вас снять чемодан с багажной полки, он слишком большой.

请把您的行李箱从行李架上取下来，它太大了。

③В вагонах очень тепло, пассажиры сняли верхнюю одежду.

车厢里很暖和，乘客们脱掉了外套。

7. предложить кому 提供；提议

①Проводник предлагал пассажиру горячей воды.

乘务员向乘客提供了热水。

②Мы предлагали ему участвовать в нашей работе.

我们向他提议加入我们的工作。

③Местные люди предложили нам подняться на гору Чанбайшань, чтобы любоваться небесным озером.

当地人建议我们登上长白山欣赏天池。

8. соскальзывать/соскользнуть（с кого-чего）滑落，滑下

①Поставьте чемодан ровно, чтобы он не соскользнул и не ушиб пассажирам.
请将行李箱放平，以免滑落伤到乘客。

②Её сумка сокользнула с сидения.
她的包从座位上滑下来了。

③Его телефон соскользнул со стола.
他的手机从桌子上滑下来了。

9. разместить кого-что где 把……摆放在……，把……安置在……

①Мы разместили мебель в новой квартире.
我们在新公寓里摆放了家具。

②Мы разместили гостей в гостинице.
我们把客人安置在了酒店。

③Не размещайте чемодан здесь, чтобы он не занимал проход.
请不要将行李箱放在这里，以免占用过道。

Предложения 实用句式

1. Предъявите ваше действительное удостоверение личности, пожалуйста.
请出示您的有效身份证件。

2. Грузоподъёмность столика ограниченна, не ставьте тежёлые вещи на него.
桌子的承重能力有限，不能放重物。

3. Позволите мне помочь вам с багажом.
我来帮你拿行李。

4. Вы можете положить свой багаж на полку над головой.
您可以把行李放在头顶的行李架上。

5. Не вешайте на крючок тяжёлое.
请勿在钩子上悬挂重物。

6. Не могли бы вы пересесть на другое место?
您介意换到其他座位吗？

7. Пожалуйста, уберите столик.
请收起小桌板。

8. Ваш большой багаж можно поместить в полки для крупногабаритного багажа.
您的大件行李可以放在大件行李存放处。

9. За последним рядом сидений тоже можно разместить чемодан.
最后一排座椅后面也可以放行李箱。

10. Если вы не успели купить билет до посадки в поезд, обратитесь к проводнику для оформления билета.

如果上车前没有来得及买票，请联系列车员补票。

11. Вашему ребёнку уже больше 6 лет, поэтому ему требуется детский билет.

您的孩子已经年满6周岁，所以需要购买儿童票。

12. Если хотите продлить свою поездку, тогда надо оформить билет.

如果想要延长行程，就要办理补票。

13. В целях вашей безопасности и безопасности других пассажиров, пожалуйста, сотрудничайте с сотрудниками поезда.

为了您和他人的安全，请配合列车工作人员。

14. Прошу вас закрыть крышку термоса и закрутить её, чтобы не обжечься.

麻烦您把杯子的盖子盖好拧紧，以免烫伤。

15. Вы не могли бы помочь мне снять чемодан с полки?

您能帮我把行李箱从架子上拿下来吗？

16. Не могли бы вы дать нам совет по улучшению нашего сервиса?

您能就改进服务质量给我们提一些建议吗？

17. Детские билеты со скидкой 50% от общей стоимости билетов.

儿童票可享受总票价的五折优惠。

18. Поставьте чемодан ровно, чтобы он не соскользнул и не ушиб других.

请将行李箱放平，以免滑落砸伤他人。

Упражнения 练习

Упражнение 1. Напишите подходящее предложения по следующей рабочей ситуации. 根据下列工作场景写出合适的语句。

(1)_____

(2)_____

(3) _____

(4) _____

Упражнение 2. Заполните пропуски, используя соответствующую форму личного местоимения в скобках. 用括号中人称代词的适当形式填空。

(1) _____ необходимо справиться с этой трудностей. （мы）
(2) _____ требуется новый дом. （они）
(3) Он предложил _____ отдыхать в зале ожидания. （мы）
(4) Отец позволил _____ купить новый компьютер. （я）
(5) Миша хочет сотрудничать с _____ в этом проекте. （вы）

Упражнение 3. Измените словосочетания в скобках в нужной форме. 将括号中的词组变为适当的形式。

(1) Пассажиры кладут вещь на _____ （багажная полка）.
(2) Проводник предлагал помощь _____ （та женщина）.
(3) Его парспорт соскользнул с _____ （левый стол）.
(4) Моя сестра разместила своё фото в _____ （большой альбом）.
(5) В следующем году, _____ （наш институт） исполнится 80 лет.

Упражнение 4. Переведите на русский язык словосочетания, данные в скобках. 翻译括号内的词组。

(1) Обратитесь к проводнику за _____ （补票）.
(2) Детские билеты со скидкой 50% от _____ （总票价）.
(3) Проходите вперёд, ваше место в _____ （前排）.
(4) Прошу вас _____ （盖好杯盖） и закрутить её.

（5）Положите ваш рюкзак на _____（行李架）наверх.

Упражнение 5. Используйте следующие фразы для составления предложений. 用下列短语造句。

（1）предъявить кому что

_____

（2）справляться с кем-чем

_____

（3）кому необходимо что делать

_____

（4）кому-чему исполняется

_____

（5）снять что с кого-чего

_____

Упражение 6. Переведите следующие предложения на китайский язык. 请将下列句子翻译成汉语。

（1）Проходите вперёд в вагон №8.
（2）Прошу вас закрутить крышку термоса, чтобы не проливать и обжечься.
（3）Пожалуйста, вернитесь на своём месте.
（4）Предлагаю вам положить сумку на багажную полку наверх.
（5）Он не успела купить билет до посадки в поезд, сейчас ему нужно обратиться к проводнику за оформлением билета.
（6）Поставьте чемодан ровно, чтобы он не соскользнул и не ушиб других.

Упражнение 7. Переведите следующие предложения на русский язык. 请将下列句子翻译成俄语。

（1）我想要延长行程，在哪里可以办理补票？

_____

（2）您好像坐错座位了，您的座位在3车2F。

_____

（3）年满6周岁且未满14周岁的应当购买儿童票。

_____

（4）请不要将重物放在小桌板上。

_____

（5）我的行李箱太重了，可以帮我把它放到头顶上方的行李架上吗？

（6）您可以把外套挂在衣帽钩上。

Упражнение 8. Подготовьте диалог в парах по следующей картинке. 根据下列场景，两人一组编写对话。

Чтение 拓展阅读

Развитие и повышение качества услуг, предоставляемых пассажирам в вагонах

В истории железнодорожного транспорта наблюдается значительный прогресс в развитии и улучшении услуг, предоставляемых в вагонах.

В прошлом обслуживание в поездах было довольно простым. Пассажирам предоставлялись лишь базовые условия поездки, такие как места для сидения и места для багажа. Однако с развитием технологий и ростом ожиданий пассажиров, требования к комфорту и качеству обслуживания существенно возросли.

Поэтому в современных поездах появились разнообразные услуги. Например, в них есть возможность купить билет в вагоне после отправления поезда, что позволяет пассажирам более гибко корректировать свой маршрут. Кроме того, для обеспечения комфорта были разработаны системы контроля температуры в вагонах, улучшены сиденья и многое другое.

Были созданы специальные места для перевозки крупногабаритного багажа и приняты меры безопасности для защиты багажа от кражи и повреждений. Кроме того, был совершенствован механизм, позволяющий решать возникающие конфликты между пассажирами и менять места их размещения.

Все эти изменения и улучшения являются подтверждением того, что железнодорожный транспорт стремится соответствовать растущим потребностям пассажиров, чтобы повышать уровень комфорта и безопасности поездок.

Ответьте на вопросы по статье. 根据文章内容回答问题。

（1）Какие услуги предоставлялись в старых поездах?

（2）Какие услуги по приобретению билетов появились в современных поездах?

（3）Какие ещё услуги предоставляются в вагонах поездов?

（4）Какие системы были созданы для обеспечения комфорта пассажиров?

（5）Какие меры были предприняты для защиты багажа?

（6）Какие механизмы были разработаны для решения конфликтов с соседями?

（7）Что свидетельствует о стремлении железнодорожного транспорта соответствовать потребностям пассажиров?

（8）Какие улучшения в сфере услуг, предоставляемых высокоскоростными поездами, могут быть реализованы в будущем?

列车车厢服务的发展与完善

在铁路运输的历史中，车厢服务的发展和完善经历了漫长的历程。

最初，老式列车上的服务相对简单，乘客仅享有基本的乘车条件，如座椅和行李存放空间。然而，随着技术的进步，乘客对舒适度和服务质量的要求不断提高。

因此，现代列车上出现了丰富多样的服务。例如，在票务方面，实现了车上补票，使得乘客能够更加灵活地调整自己的行程。此外，为了提升乘客的舒适度，车厢内还配备了温度调节系统，改进了座椅设计等。

在行李管理方面，列车设立了专门的大件行李存放区域，并制定了保护行李免受盗窃和损坏的安全措施。此外，为了解决邻座之间可能产生的问题，列车完善了调换座位和调解乘客冲突的机制。

这些变化和改进都表明，铁路运输在不断努力满足乘客日益提高的需求，以提升出行的便利性和安全性。

Проект 3　Услуги питания

项目三　餐饮服务

学习目标

◎ 知识目标

(1) 掌握点餐和结账的常用词汇。
(2) 掌握不同点餐方式的常用句型。
(3) 掌握食品保存和运输的表达方式。

◎ 能力目标

(1) 能够协助旅客进行线上线下点餐。
(2) 能够解答旅客就餐中的各类问题。
(3) 能够就某道菜肴进行介绍。

◎ 素质目标

(1) 具备数字化服务能力。
(2) 养成热情、专业、耐心的职业素养。
(3) 熟知中华美食文化,讲好中国美食故事。

Разминка 热身

Сопоставьте картинки со словами. 给下面的词语选择对应的图片。

А

Б

В

Г

Д

Е

1. вагон-ресторан 餐车
2. фирменные продукты 特产
3. хлебная лепёшка 肉夹馍
4. столовый прибор 餐具
5. термоконтейнер 保温箱
6. бизнес-ланч 商务套餐

Слова и выражения 词汇短语

проголодаться ［完］饿, 饥饿
вагон-ресторан 餐车
меню 菜单
выбор 选择
   большой выбор 选择多样
рекомендовать/порекомендовать 推荐
бизнес-ланч 商务套餐, 工作餐

блюдо 菜
лёгкое блюдо 易消化的菜
сытное блюдо 不好消化的菜
горячее блюдо 热菜
холодное блюдо 凉菜
комплексные блюда 套餐
мусульманское блюдо 清真餐

подать блюда 上菜
специфика 特点, 特色
надоедать/надоесть（кому чем）［无人称］使厌烦, 使讨厌
холодная лапша（лянпи）凉皮
хлебная лепёшка（Жуоцзямо）肉夹馍
газировка 汽水
чек 小票
заказ 预定; 订单
заказывать/заказать 订做, 订购
приносить/принести 带来, 拿来, 送来
столовый прибор 餐具
замечательно 出色地, 优秀地
к сожалению 很遗憾
нравиться/понравиться（кому-чему）使（某人感到）喜欢
доставка 外卖
раздел 部, 章, 节, 界
фирменный 有特色的; 特产的
　　фирменные продукты 特产
　　фирменное блюдо 招牌菜
заполнять/заполнить 填写
любимый 所喜欢的
отправлять/отправить 发送
курьер 外卖员
доставлять/доставить 把……送到, 运到
действительно 的确, 确实
советовать/посоветовать（кому-чему）建议
приготавливать/приготовить 烧好（饭菜）; 准备好
готовиться ［未］准备, 筹备
транспортировка 运输, 运送
сохраняться/сохраниться 储存

термоконтейнер 保温箱
температура 温度
ниже 低于……
градус 度数
перрон 站台
гарантировать 保证
свежесть 新鲜程度
жареный 煎的; 烤的; 炸的
лагенария/ бутылочная тыква 葫芦
　　жареная курица в лагенарии 葫芦鸡
региональный 区域的
кухня 菜肴, 菜系
относиться（к кому-чему）［未］属于……之列
возникать/возникнуть 出现, 兴起
во времена（чего）在……时期
напоминать/напомнить 像……（仅用未完成体）; 提醒
приготовление 制作
делиться（на что）分为……
варка 煮
пар 蒸汽
　　приготовление на пару 蒸
жарка 油炸
трудоёмко 复杂地; 吃力地
омофон 同音异形词
символизировать 象征
благополучие 平安, 顺利, 富裕
не только…, но и… 不仅, 而且
терпеливый 耐心的
тележка 小推车

Диалоги 对话

任务一　餐车点餐 ● ● ●

— Я немного проголодался, давайте пойдём в вагон-ресторан.
— Давай.
（В вагоне-ресторане）
— Будьте добры, меню!
— Вот. У нас большой выбор. Посмотрите, что вы хотите?
— Что вы рекомендуете?
— У нас есть закуски, бизнес-ланч, и «Саньцинь» комплексные блюда со спецификой провинции Шэньси.
— Бизнес-ланч не хочу, надоело. Какие блюда есть в «Саньцинь»?
— Холодная лапша, хлебная лепёшка и газировка.
— Тогда возьму «Саньцинь» комплексные блюда.
— Хорошо. Всего 30 юаней. Как вы платите? Наличными или по QR-коду.
— Наличными.
— Хорошо. Ваш чек.

— 我有些饿了，我们去餐车吧。
— 好的。
（在餐车）
— 劳驾！来份菜单。
— 好的。我们的菜品多样。您看看来点儿什么？
— 您有什么推荐的吗？
— 这里有小吃、商务套餐和具有陕西特色的"三秦套餐"。
— 不想吃商务套餐，吃腻了。"三秦套餐"中都有什么？
— 有凉皮、肉夹馍、汽水。
— 那就来一份"三秦套餐"。
— 好的。一共30元。您怎么支付？现金还是扫码？
— 现金。
— 好的。您的小票。

任务二　扫码点餐 ● ● ●

— Вагон-ресторан находится немного далеко от меня! Могу ли я сделать заказ онлайн?
— Да. Вы можете отсканировать QR-код на подлокотниках или заказать блюда в приложении «Железная дорога 12306».
— После заказа, мне нужно получить блюда в вагоне-ресторане?
— Не надо. При заказе напишите номер вагона и места, и наши сотрудники принесут блюда на ваше место.

— 餐车离我有些远，我可以在线点餐吗？
— 可以。您可以扫描扶手上的二维码，或者在"铁路12306" App里点餐。
— 那我点完后是要去餐车取餐吗？
— 不需要。您下单时填写车厢和座位号，我们的工作人员会给您送到座位。

– А столовый прибор? – Проводник также принесёт его вам. – Замечательно! Спасибо! – Пожалуйста. Приятного аппетита!	– 那餐具呢？ – 列车员也会一起拿给您。 – 太好了！谢谢您！ – 不客气，祝您用餐愉快！

任务三　外卖点餐 •••

– Будьте добры! Дайте мне курицу «Гунбао». – К сожалению, этого блюда уже нет. Остался только бизнес-ланч. – Сегодня не очень хочу бизнес-ланч. – Тогда вы можете заказать доставку в приложении «Железная дорога 12306». – Доставка? Можно заказать доставку в высокоскоростном поезде? – Да, можно. Сначала, откройте приложение «Железная дорога 12306», войдите в раздел «еда и фирменные продукты», заполните номер этого поезда, затем выберите станцию для доставки и ваши любимые блюда, и далее заполните вашу информацию: номер вагона, места и т. д., отправьте заказ и отплатите. – Курьер доставит блюдо в вагон? – Скоростной поезд прибудет на станцию и проводник доставит ваше блюдо. – Это действительно «умное путешествие»!	– 劳驾，来一份宫保鸡丁。 – 很遗憾，这道菜没有了。现在只剩商务套餐了。 – 今天不太想吃商务套餐。 – 那您可以在"铁路12306"App点一份外卖。 – 外卖？高铁上还可以点外卖？ – 是的，可以的。首先，打开"铁路12306" App，进入"餐饮·特产"界面，填写本趟车的车次，然后选择送餐的高铁站和喜欢的餐食，之后填上您的车厢号、座位号等信息，提交订单付款就可以了。 – 那外卖员会把餐送到车上吗？ – 在高铁到达站点后，列车员会给您送餐。 – 这是名副其实的"智慧出行"啊！

任务四　食品安全 •••

– Добрый вечер! Я хочу какое-нибудь лёгкое блюдо. – Тогда советую вам попробовать бизнес-ланч А: помидор с яйцом, жареный тофу, рис и суп. – Когда приготовили эти блюда?	– 晚上好！我想点个好消化的菜。 – 那建议您尝尝商务套餐A，有西红柿鸡蛋、烧豆腐、米饭和汤。 – 这些菜是什么时候制作的？

—Эти блюда начали готовиться за два часа до отправления, и в транспортировке сохраняются в термоконтейнерах при температуре не ниже 60 градусов, через зелённый проход привозят на перрон, этот процесс только занимает около 30 минут, чтобы гарантировать свежесть блюда. —Спасибо за информацию. Дайте мне 2 бизнес-ланча, пожалуйста. —Хорошо, минуточку.	—这些菜都是在发车前两小时开始制作的,并且在运输会保存在不低于60℃的保温箱内,从绿色通道抵达站台,全程仅需30分钟左右,以确保饭菜的新鲜。 —谢谢您的解释,请给我来两份套餐。 —好的,请稍等。

任务五　菜品讲解　●●●

—Жареная курица в лагенарии очень вкусная, а к какой региональной кухне это блюдо относится? —Это блюдо относится к Шэньсийской кухне, и возникло во времена династии Тан, имеет долгую историю. —Как оно готовится? —Приготовление этого блюда делится на три этапа: варка, приготовление на пару и жарка. —А почему оно так называется? —Потому что по форме оно напоминает бутылочную тыкву, поэтому так и называется. Кроме того, в китайском языке, курица омофон с «цзи», который означает счастье, лагенария символизирует благополучие, здоровье, долголетие, поэтому это блюдо не только вкусное, но и имеет хороший смысл.	—葫芦鸡这道菜非常好吃,它属于哪个菜系? —这道菜是陕西菜,起源于唐朝,有非常悠久的历史。 —它是怎么制作的? —它的制作分为煮、蒸、炸三步。 —为什么叫这个名字呢? —因为它形似葫芦,因此而得名。此外,在中文里,"鸡"与"吉"同音,寓意着吉祥,而且葫芦象征着平安、健康、长寿,所以这道菜不仅很美味,而且还有很好的寓意。

Комментарии 语法注释

1. проголодаться　饥饿
　голоден/голодна/голодны

голоден/голодна/голодны 分别是 голодный 的阳性、阴性、复数短尾形式，使用时需要和主语的性、数保持一致。

①Только 11 часов, мы ещё не проголодались.
才 11 点，我们还不饿呢。

②Андрей голоден, он предлагает пообедать.
安德烈饿了，他建议去吃午饭。

③Я голодна как волк. Давайте пойдём в вагон-ресторан поужинать, там хорошо готовят.
我饿坏了。咱们去餐车吃晚饭吧，那里的饭还不错。

2. Будьте добры, меню.　请(给我)拿一份菜单。
　Принесите кому, меню.

Покажите кому меню.

Меню, пожалуйста.

①Будьте добры, принесите нам меню.
劳驾，请给我们拿份菜单。

②Девушка, покажите мне ваше меню напитков.
姑娘，请给我看一下你们的饮品菜单。

3. посоветовать кому что
　предложить кому что　建议，推荐
　порекомендовать кому что

①Что вы нам посоветуете?
您建议我们点什么？

②Я советую вам попробовать наше фирменное блюдо.
我建议您尝尝我们的招牌菜。

③Я вам рекомедую «Жареную курицу в лагенарии», потому что это блюдо не только вкусное, но и имеет хороший смысл.
我给您推荐葫芦鸡，因为这道菜不仅美味，而且有很好的寓意。

4. кому надоело что делать　某人厌倦做某事
　что кому надоело... 使某人厌倦

①Мне надоело всё время обедать в столовой.
我烦透了总是在食堂吃饭。

②Бизнес-ланч этому пассажиру надоел.
这位乘客不想吃商务餐。

③Честно говоря, ему уже надоело долго ждать.
老实说,他已经厌倦了长久的等待。

5. взять что 点……(菜)

①Он не голоден, поэтому взял только овощной салат и чёрный чай.
他还不饿,所以只点了一份蔬菜沙拉和红茶。

②Этого достаточно, десерт не буду брать.
这些就够了,不点甜品了。

③Возьмите холодную лапшу, это наше фирменное блюдо.
点一份凉皮吧,这是我们的特色菜。

6. заказать
　　сделать заказ　　预定,下单

①Этот пассажир заказал комплексное блюдо с собой.
这位旅客点了一份套餐带走。

②Делать заказ в интернете очень удобно.
在网上下单非常方便。

③Вы можете заказать это блюдо на вечер.
您可以在晚上点这道菜。

7. заполнить что 填写

①При заказе еды в интернете, пассажирам нужно правильно заполнять информацию поезда.
在网上订餐时,乘客需要正确填写车次信息。

②При въезде в Таджикистан, нужно заполнить 2 экземпляра таможенной декларации.
在入境塔吉克斯坦时,需要填写两份海关申报单。

③Прошу аккуратно заполнить свою информацию.
请认真填写个人信息。

8. во-первых…, во-вторых…, в-третьих…
　　прежде всего…, потом…, наконец…　　首先……,其次……,再次(最后)……
　　сначала…, затем…, далее…

①Во-первых, вам нужно зарегистрироваться в преложении, во-вторых, выполнить идентификацию, в-третьих, можно использовать разные функции внутри.
首先要在 App 里注册,然后完成身份核验,最后就可以使用里面的各种功能了。

②При приготовлении «Жареной курицы в лагенарии», прежде всего надо её варить, потом парить, затем жарить, и наконец подавать на стол.
在制作葫芦鸡时,应该先煮、后蒸,然后油炸,最后端上餐桌。

9. транспортировка
　　перевозка　　运输
　　транспорт

транспортировка, перевозка 强调运输业务;транспорт 强调运输工具,交通方式。

①Скорый поезд часто используют для перевозки грузов.

普铁经常被用来运输货物。

②При перевозке, все продукты сохраняются в термоконтейнере.

在运输途中,食物在保温箱里保存。

③Высокоскоросной поезд-популярный вид транспора.

高铁是一种受欢迎的交通方式。

10. относиться к кому-чему 属于……之列

此意思下只用未完成体。

①Курица « Гунбао » относится к Сычуаньской кухне.

宫保鸡丁属于川菜。

②Поезда « Фусин » относятся к новому поколению высокоскоростных составов.

复兴号是新一代高速列车。

③Поезд относится к общественному транспорту.

火车属于公共交通。

11. не только…, но и… 不仅,而且

①Этот проводник не только квалифицированный, но и терпеливый.

这位列车员不仅专业,而且有耐心。

②Путешествовать на поезде не только удобно, но и быстро.

乘坐火车出行不仅舒适,而且快捷。

③Заказывать доставку с помощью приложения « Железная дорога 12306 » не только удобно, но и быстро.

通过"铁路12306"点外卖不仅很方便,而且很便捷。

12. Счастливого пути! 一路顺风!

在表达祝愿时,常直接用名词或词组第二格表示,这里是句式 желать кому чего(向……祝愿……)的省略形式。类似的祝福语还有:

①Приятного пути! 祝您旅途愉快!

②Всего хорошего! / Всего доброго! 万事如意!

③Спокойной ночи! Приятного сна! 晚安! 好梦!

④Приятного аппетита! 祝您有个好胃口!

⑤Удачи! / Больших успехов! 祝你成功!

⑥Скорейшего выздоровления! 祝您早日康复!

Предложения 实用句式

1. Добро пожаловать в вагон-ресторан.

欢迎来到餐车。

2. Что вы хотите?

您想来点儿什么？

3. После отправления поезда проводники вагона-ресторана продают продукты на тележке, подождите, пожалуйста. Если торопитесь, можете выбрать продукты в вагоне № 5.

开车后，餐车工作人员会流动售货，请稍等一下。如果着急的话，您也可以到 5 号车厢选购。

4. Что вы нам посоветуете?

您建议我们点什么？

5. Какие вы можете рекомендовать мусульманские блюда?

您可以推荐一些清真餐吗？

6. Попробуйте «Саньцинь» комплексный обед, это наше фирменное блюдо.

尝尝三秦套餐吧，这是我们的特色菜。

7. Вы можете отсканировать QR-код на подлокотниках и заказать блюда.

您可以扫描扶手上方的二维码点餐。

8. Заполните номер вашего вагона и места, проводник принесёт блюда вам.

请填写您的车厢和座位信息，列车员会把餐送到您的座位。

9. Кто хочет купить местные фирменные продукты?

有需要当地特产的旅客吗？

10. Подождите, я принесу вам нож и вилку.

请您稍等，我给您拿一副刀叉。

11. Вы будете есть здесь или с собой?

在这儿吃还是打包？

12. Кроме закусок, напитков, алкогольных напитков, бизнес-ланчей, ещё продают фрукты: виноград и клубника.

除小食品、饮料、酒水、套餐外，还有葡萄、草莓等水果。

13. Если не нравится наше меню, вы можете заказать доставку.

如果您对我们的菜单不感兴趣，您也可以点外卖。

14. Счёт, пожалуйста.

请结账。

15. Мы принимает наличные, банковские карты, Вичат, Алипей и так далее.

我们这里可以使用现金、银行卡、微信、支付宝等方式付款。

16. «Будда перепрыгивает через стену» относится к Фуцзяньской кухни.

佛跳墙属于闽菜。

17. Это блюдо не только вкусное, но и имеет хороший смысл.

这道菜不仅美味，而且有很好的寓意。

18. Курьер привезёт доставку на перрон, потом проводник даставит его на ваше место.

外卖员会将外卖送到站台，然后由列车员送到您的座位。

Упражнения 练习

Упражнение 1. Посмотрите в словаре, и выберите название соответствующего прибора. 查字典，选择对应的餐具名称。

(1) бокал   (2) стакан   (3) рюмка
(4) вилка   (5) нож   (6) палочки

Упражнение 2. Напишите подходящие пожелания в следующих ситуациях. 根据下列情景写出恰当的祝福语。

(1) – Мы идём в ресторан на обед.
   – _____!
(2) – Уже очень поздно, мне пора ложиться спать.
   – _____!
(3) – Я вернусь домой на поезде.
   – _____!
(4) – Я хочу работать в большой компании.
   – _____!
(5) – Я простудился, сейчас в больнице.
   – _____!

Упражнение 3. Вставьте подходящие слова в предложения. 选择合适的单词填空。

（1）Она работала всю ночь, сейчас _____ как волк. | голодна
Дети только что ели закуски, сейчас ещё не _____. | проголодались

（2）Тот пассажир пришёл в вагон-ресторан, и сказал проводнику «_____». | Счёт, пожалуйста
После ужина, Андрей сказал сотруднику «_____». | Принесите меню

（3）При _____, продукты сохраняются в термоконтейнере. | транспортировке
Какой вид _____ вам нравиться? | транспорта

（4）Сейчас в вагоне очень холодно, температура _____ 25 градусов. | ниже
Хотя температура на улице _____ 30 градусов, но в вагоне очень прохладно. | выше

（5）_____ окончания университета, они не встречались. | После
_____ окончили университет, они не встречались. | После того как

Упражнение 4. Перестройте предложения по образцу. 仿照示例改写句子。

Образец: **Продавец советует женщине красный платок.**

　　　　　Продавец предлагает женщине красный платок.

（1）Проводник посоветовал иностранцам фирменные продукты.
（2）Холодная лапша очень вкусна, я вам очень советую попробовать.
（3）Если у вас проблемы в поезде, советую вам обратиться к проводникам за помощью.
（4）Магжан мусульманин, поэтому сотрудник посоветовал ему выбрать бизнес-ланч Б.
（5）На сайте путешествий советуют попробовать пекинскую утку.
（6）В Китае советуют зелёный чай-летом, красный чай-зимой.

Упражнение 5. Переведите на русский язык словосочетания, данные в скобках. 将括号内的词组翻译为俄语。

（1）Вагон-ресторан находится в _____（5号车厢）.
（2）Вы можете _____（点外卖）в приложении « Железная дорога 12306 ».
（3）Пора обедать, пассажиры _____（扫描扶手上的二维码）и заказывают обед.
（4）У него больной желудок, поэтому он выбрал _____（易消化的菜）.
（5）Эти блюда _____（在运输过程中）сохраняются в термоконтейнерах.
（6）Сотрудники _____（通过绿色通道）привезут продукты на перрон.
（7）Жареная курица в лагенарии _____（形似葫芦）.
（8）Мы принимаем _____（现金и信用卡）.

Упражнение 6. Читайте следующие пословицы с едой, и соедините колонки. 阅读下列

与食物有关的谚语，并连线。

Щи да каша-пища наша.	人不只为吃活着。
Не хлебом единным жив человек.	民以食为天。
Первый блин комом.	酒香不怕巷子深。
Хлеб всему голова.	粗茶淡饭是家常便饭。
Не красна изба углами, а красна пирогами.	万事开头难。
Кашу маслом не испортишь.	早上要吃好，中午要吃饱，晚上要吃少。
Завтракай, как король, обедай, как принц, а ужинай, как нищий.	好的东西多多益善。

Упражнение 7. Переведите следующие предложения на русский язык. 请将下列句子翻译成俄语。

(1) 高铁列车上的食物不仅品类丰富，而且很新鲜。

_____

(2) 吃完午饭后，乘客们在座位休息。

_____

(3) 中文里，"鸡"与"吉"同音，象征着吉祥，所以中国人经常用鸡来招待客人。

_____

(4) 这位来自哈萨克斯坦的旅客不会使用筷子，所以列车员给他拿了叉子和勺子。

_____

(5) 列车员建议我们尝尝当地的特色菜。

_____

(6) 安德烈是一名非常有耐心的乘务员，他正在教一位老人如何填写个人信息。

_____

Упражнение 8. Представьте друг другу китайские блюда по следующему образцу в группе, каждая группа выбирает одного участника для доклада. 四人一组，仿照下列对话，相互介绍一道中式菜肴，每组请一名同学进行汇报。

例如：- Что вы рекомендуете?

- Я рекомендую … .

— К какой региональной кухне это блюдо относится?

— Это блюдо относится к ..., и возникло во времена ....

— А почему оно так называется?

— Потому что ..., поэтому так и называется.

— Как оно готовится?

— Изготовление этого блюда делится на ... процесса: ....

— Какие смыслы несёт это блюдо?

— Это блюдо символизирует ....

— Сейчас понятно. Это блюдо не только вкусное, но и имеет хороший смысл.

Блюдо	Региональная кухня	Время возникновения	История названия	Способ приготовления	Смысл

Чтение 拓展阅读

Развитие и эволюция услуг общественного питания в поездах

В истории железнодорожного транспорта развитие и совершенствование системы питания в поездах происходило в несколько этапов.

В начале истории железнодорожного транспорта питание в поездах было весьма скромным. Пассажирам предлагались базовые продукты, такие как сухие пайки или небольшие горячие блюда, приготовленные непосредственно на борту. Это обеспечивало лишь самые необходимые потребности в пище.

С развитием технологий в современных поездах появились разнообразные сервисы питания. Не только вагон-ресторан стал более удобным и оснащенным, но и более выброчное меню, которое включает в себя разные региональные кухни, закуски, напитки и т. д. Также появились новые способы заказа еды, такие как сканирование QR-кода и заказ еды с доставкой, что делает приём пищи более удобным для пассажиров.

В отношении безопасности продуктов питания, администрация железной дороги также сделала много работ. Продаваемые блюда соответствуют стандартам контроля качества. Все ингредиенты проходят строгую проверку, а процесс приготовления полностью контролируется. Все эти меры позволяют пассажирам наслаждаться едой в поездах.

Ответьте на вопросы по статье. 根据文章内容回答问题。

（1）Сколько этапов прошло развитие и эволюция сервиса питания в поездах?

（2）Каково было питание в старых поездах?

（3）Что было сделано для удовлетворения потребностей в пище пассажиров в старых поездах?

（4）Какие сервисы питания появились в современных поездах?

（5）Как изменился вагон-ресторан в современных поездах?

（6）Какие новые способы заказа еды появились в современных поездах?

（7）Что было сделано для обеспечения безопасности пищевой продукции в поездах?

（8）Какие продукты должны быть проверены на соответствие стандартам в поездах?

列车餐饮服务的发展与演变

在铁路运输的历史中，列车餐饮服务的发展和演变经历了几个阶段。

最初，老式列车上的餐饮选择相对简单，乘客仅能获得基本的食物，通常是干粮或列车上烹制的一些简单热菜，以满足最基本的饮食需求。

随着技术的进步，现代列车的餐饮服务变得更加多样化。餐车不仅更加舒适、设施更完备，菜品也更加丰富多样，涵盖了多种菜系、小吃和饮料。新型点餐方式如扫码点餐和外卖点餐的出现，使乘客的就餐体验更加便捷。

在食品安全方面，铁路部门也投入了大量努力。所售食品严格遵循卫生和质量控制标准，所有食材必须经过严格检验，制作过程也受到全面监管。这些措施确保了乘客能够在列车上安心享用美食。

Проект 4　Подготовка к высадке

项目四　下 车 准 备

学习目标

◎ 知识目标

(1) 掌握关于下车准备的相关词汇。
(2) 掌握到站提醒、下车提醒、服务建议等情景下的常用表达。
(3) 了解下车准备场景的相关服务用语。

◎ 能力目标

(1) 能够组织旅客按时下车。
(2) 能够向旅客介绍下车注意事项。
(3) 能够解决旅客下车服务中的各种问题。

◎ 素质目标

(1) 熟悉下车准备工作的相关要求与规定。
(2) 培养精益求精的工匠精神,提高铁路岗位职业素养。
(3) 崇尚劳动精神,树立正确的劳动观。

Разминка 热身

Сопоставьте картинки со словами. 给下面的词语选择对应的图片。

А

Б

В

Г

Д

Е

1. бутылка для напитков 饮料瓶
2. предупреждающий знак 警示标识
3. ящик для мусора 垃圾箱
4. мешок для мусора 垃圾袋
5. кабина проводника 乘务员室
6. дверь вагона 车门

Слова и выражения 词汇短语

подготовлять/подготовить 筹备,预备,准备
заранее 提前,预先
подождать [完] 等一等,等一会儿
левый 左边的
направление 方向
движение 移动,运行
любой 任何的
передний 前面的

задний 后面的
забывать/забыть 忘记
личный 个人的,私人的
благодарить/поблагодарить 感谢
обслуживание 服务
нетерпение 不耐烦
    с нетерпением 焦急地,急不可耐地
предложение 建议

внимательный 周到的, 关心的
записывать/записать 记录下来, 登记
продолжать/продолжить 继续
качество 质量
покурить [完] 抽会儿(烟)
кратковременный 短时间的, 短期的
тамбур 车厢连接处
курение 吸烟
потерпеть [完] 忍耐一会儿
мусор 垃圾

мусорный 垃圾的
   мусорный пакет 垃圾袋
   мусорный ящик 垃圾箱
переводить/перевести 拨动, 转动; 翻译
вертикальный 垂直的
положение 状态
убирать столик 收起小桌板
приходиться/прийтись [无人称] (кому, 接不定式) 不得不, 只能
перекрёсток 十字路口

Диалоги 对话

任务一 停靠站下车提醒

— Уважаемые пассажиры, следующая станция Чанчунь, пожалуйста, подготовьте свой багаж заранее и подождите у дверей.
— Скажите, пожалуйста, сколько времени осталось до прибытия?
— Около 5 минут.
— Какая дверь будет открыта для выхода?
— Левая дверь по направлению движения поезда.
— Хорошо, можно выйти через любую переднюю или заднюю дверь?
— Да. Когда выйдете из поезда, присматривайте за детьми и обратите внимание на расстояние между поездом и платформой.
— Спасибо за подсказку.

— 旅客们朋友们, 列车前方停车站是长春站, 请提前整理好行李物品, 在车门处等候。

— 请问, 还有几分钟到站？

— 还有大概 5 分钟。
— 下车开哪边车门？
— 运行方向的左侧车门。

— 好的, 前后车门都可以下车吗？

— 是的。下车时, 请照顾好小孩, 注意列车与站台的间隙。

— 谢谢提醒。

任务二 终到站下车提醒

— Уважаемые пассажиры, наш поезд скоро прибудет на конечную станцию – Северная станция Сианя. Проверьте, пожалуйста, багажную полку и крючок для одежды, не забывайте ваши личные вещи.

— 旅客朋友们, 本趟列车就要到达终点站西安北站了。请检查行李架和衣帽钩, 以免遗落物品。

– Благодарим вас за обслуживание во время поездки. – Нам было очень приятно! С нетерпением ждём ваших предложений по обслуживанию. – Ваше обслуживание очень внимательное, но было бы лучше, если бы температура воздуха в вагоне была немного выше! – Ваш совет записали, и мы продолжим работать над улучшением качества обслуживания. Спасибо за поездку на этом поезде, и до следующей встречи. – До встречи!	– 感谢您在旅途中的服务。 – 这是我们的荣幸！期待您的服务建议。 – 你们的服务非常周到,如果把空调温度再调高一些就更好了！ – 好的,您的建议已被记录下来,我们并将持续改进以提升我们的服务质量。感谢您乘坐本次列车,下次旅行再会。 – 再见！

任务三　下车吸烟

– Дамы и господа, поезд скоро прибудет на Южную станцию Цзиньчжоу, время прибытия 13:08, остановка 3 минуты. – Извините, могу ли я выйти на платформу покурить? – Остановка кратковременная, если вы ещё не прибыли на нужную вам станцию, не выходите из поезда. – Можно ли курить в тамбуре? – Курение запрещено во всех частях поезда. Следующая остановка-Северная станция Шэньяна, поезд остановится на 7 минут, рекомендую вам выйти и покурить в это время. – Ладно, я потерплю ещё немного.	– 女士们,先生们,列车即将到达锦州南站,到站时间13:08分,停车3分。 – 请问,可以去站台上吸烟吗? – 列车停车时间较短,如果没有到达目的地,请不要下车。 – 那可以在车厢连接处吸烟吗? – 本次列车全列禁止吸烟！下一站到沈阳北站,停车7分钟,建议您到那时去下车吸烟。 – 好吧,我再坚持一下。

任务四　车厢整理

– Здравствуйте! Положите мусор и бутылки в мусорный пакет, пожалуйста. – Хорошо.	– 您好！请把垃圾和饮料瓶放进垃圾袋里。 – 好的。

– Поезд скоро прибудет на конечную станцию, пожалуйста приведите спинки сидений в вертикальное положение, уберите столики, откройте солнцезащитную шторку. – Хорошо. А туалет ещё работает? – Да, но вам придётся поторопиться, нам нужно убрать вагон. – Хорошо.	– 列车马上就要到达终点站了,请将座椅靠背调至竖直状态,收起小桌板,打开遮光帘。 – 好的。那现在卫生间还能使用吗? – 可以,不过您要快一点儿,我们对车厢进行清洁。 – 好的。

Комментарии 语法注释

1. прибыть в/на что 到达某地

①Пассажиры прибыли на конечную станцию.

旅客们到达了终点站。

②Поезд прибыл на станцию вовремя.

火车准时到达了车站。

③Она прибыла на вокзал за час до отправления поезда.

她在火车出发一小时前到达了车站。

2. остановиться на чём 停留在……

①Автобус остановился на остановке.

公交车在站台停了下来。

②Он остановился на перекрёстке.

他在十字路口停了下来。

③Пассажиры остановились на отдых.

乘客们停下来休息。

3. благодарить кого за что 感谢

①Благодарю вас за помощь.

感谢您的帮助。

②Проводник благодарит всех за поддержку.

列车员感谢大家的支持。

③Благодарим вас за терпение.

感谢您的耐心。

4. если бы

俄语中,有现实条件句和非现实条件句之分。非现实条件句中所假设的是与事实相反的情况,或现实中不可能实现的情况,其从句中使用连接词 если бы,谓语用过去时形式,主句中动词谓语使用"过去时 + бы"的形式。

①Если бы мы задержились на минуту, мы опоздали бы на поезд.

假如我们耽误一分钟,我们就赶不上火车了。

②Если бы мне не помогли товарищи, я не выполнил бы этой сложной задачи.

假如没有同志们帮助我的话,我就不能完成这项复杂的任务。

③Если бы у пассажиров было много свободного времени, они бы путешествовали по Китаю.

如果游客们有很多空闲时间的话,他们就周游中国了。

5. записывать/записать 登记;记录;注册

①Сотрудник записал информацию о поезде.

工作人员记下了火车信息。

②Видеонаблюдение записало его поведение.

监控记录下了他的行为。

③Студенты записали желающих для пассажироперевозки во время праздника весны.

大学生们报名参加春运志愿者。

6. работать над чем 致力于……

①Машинист работает над собой, чтобы стать лучше.

列车驾驶员致力于提升自我,以变得更好。

②Студенты работают над своими диссертациями.

学生们正在撰写他们的学位论文。

③Менеджер работает над проектом.

经理在开展一个项目。

7. перевести что в/на что 把……转动到……;翻译

①Железнодорожные работники переведут стрелку.

铁路员工们正在扳道岔。

②Мы перевели документы для визы.

我们翻译了签证所需的文件。

③Переводчик перевёл текст с английского на русский.

翻译员把文本从英语翻译成了俄语。

8. прийтись (кому,接不定式) 不得不,只能

①Мне пришлось остаться дома.

我不得不待在家里。

②Ему пришлось работать до утра.

他不得不工作到早晨。

③Переводчику пришлось объяснять все правила ему.

列车员不得不重新给他解释一遍规章。

Предложения 实用句式

1. Наш поезд прибудет на конечную станцию.
我们的列车就要到达终点站了。

2. Благодарим за ваше обслуживание во время поездки.
感谢您在旅途中的服务。

3. Проверьте, пожалуйста, не оставили ли вы ваши вещи на багажной полке, на вешалке для одежды.
请检查一下行李架和衣帽钩,以免遗落物品。

4. Пожалуйста, подготовьте свой багаж заранее и подождите у дверей.
请提前整理好行李物品,在车门处等候。

5. Спасибо, что выбрали этот поезд, до новых встреч!
欢迎您再次乘坐本次列车,下次再会。

6. Будьте готовы к выходу заранее, пожалуйста.
请提前做好下车准备。

7. Пожалуйста, выйдите через переднюю дверь по направлению к поезду.
请从列车运行方向的前部车门下车。

8. Выходя из вагона, пожалуйста, обратите внимание на свои ноти и безопасность.
下车时,请注意脚下,注意安全。

9. Проходите в середину вагона, не толпитесь у дверей вагона.
请往车厢中部走,不要挤在车门处。

10. Мы сделаем вам объявление.
我们将通过广播通知您。

11. Поезд остановится на 3 минуты.
列车将停车 3 分钟。

12. Следующая остановка - Северная станция Сианя, поезд остановится на 8 минут, рекомендую вам выйти и покурить в это время.
下一站到西安北站,停车 8 分钟,建议您那时下车吸烟。

13. Я напомню вам об этом перед отправлением поезда.
列车开动前我会提醒您。

14. Положите мусор в мусорный ящик.
请把垃圾放进垃圾箱里。

15. Приведите спинки сидений в вертикальное положение, уберите столики, откройте солнцезащитную шторку.
请将座椅靠背调至垂直状态,收起小桌板,打开遮光帘。

16. Нам нужно убрать вагон.
我们需要清洁车厢。

17. Дайте нам несколько предложений по улучшению качества услуг.

请给我们提一些改进服务质量方面的建议。

18. Ваш сервис очень внимательный.

你们的服务非常周到。

19. Кратковременная остановка, просим не выходить из поезда, если вы ещё не прибыли на нужную вам станцию.

由于列车中途停靠时间较短，未到站的旅客请您不要下车。

Упражнения 练习

Упражнение 1. Измените слова или словосочетания в скобках в нужной форме. 将括号中的单词或词组变为适当的形式。

(1) Благодарю вас за _____ (помощь).

(2) Поезд остановится на 10 _____ (минута).

(3) Мы прибудем на _____ (вокзал) Чанчунь.

(4) Во сколько поезд приедет на _____ (конечная станция)?

(5) Поднимите _____ (нога), пожалуйста.

Упражнение 2. Переведите на русский язык словосочетания, данные в скобках. 将括号内的词组翻译为俄文。

(1) Я помогу вам _____ (拿行李).

(2) _____ (多久) здесь остановится поезд?

(3) _____ (期待) ваших предложений по обслуживанию.

(4) Скоро мы прибудем на _____ (北京站).

(5) Я очень рад _____ (为您服务).

Упражнение 3. Соедините предложения слева и справа. 根据句意进行连线。

Положите мусор в пакет, пожалуйста.	С удовольствием!
Помогите мне снять багаж, пожалуйста.	Хорошо.
Как долго поезд стоит на этой станции?	Поезд стоит на этой станции 4 минуты.
Есть кто-нибудь в туалете?	У меня нет. Ваш сервис очень внимательный!
У вас есть какие-либо предложения по нашему сервису?	Да, кто-то только что вошёл.

Упражнение 4. Используйте следующие речевые образцы для составления предложений. 用下列短语造句。

(1) остановиться на чём

(2) благодарить кого за что

(3) работать над чем

(4) перевести что в/на что

(5) кому придётся что делать

Упражнение 5. Переведите следующие предложения на китайский язык. 请将下列句子翻译成汉语。

(1) Левая дверь по направлению движения поезда.

(2) Остановка кратковременная, если вы ещё не прибыли на нужную вам станцию, не выходите из поезда.

(3) Можно ли курить в тамбуре?

(4) Когда выйдете из поезда, присматривайте за детьми и обратите внимание на расстояние между поездом и платформой.

(5) Спасибо за поездку на этом поезде, и до следующей встречи.

Упражнение 6. Переведите следующие предложения на русский язык. 请将下列句子翻译成俄语。

(1) 我可以把垃圾放到垃圾袋里吗？

(2) 尊敬的旅客们，这趟列车就要到达终点站了。

（3）您能给我们提一些服务建议吗？

（4）列车将停5分钟。

（5）下车时，请注意脚下、注意安全。

Чтение 拓展阅读

История развития сервиса по высадке пассажиров из поезда

С момента появления высокоскоростных железных дорог в Китае сервис по выходу из поездов прошёл несколько этапов развития, постоянно адаптируясь к растущим потребностям пассажиров и демонстрируя прогресс и улучшение качества услуг на высокоскоростных железных дорогах Китая.

В начальный период развития высокоскоростных железнодорожных перевозок система информирования пассажиров о прибытии на станцию находилась на этапе становления. В то время информация о приближении к станции передавалась с помощью радиооповещения в поезде. Содержание радиооповещения было кратким и включало в себя только название станции и ориентировочное время остановки. На платформе было ограничено количество сотрудников, которые обеспечивали базовое регулирование и безопасный выход пассажиров. В этот период основное внимание уделялось обеспечению базовой безопасности и порядка в системе информирования пассажиров.

С развитием сети высокоскоростных железных дорог и увеличением пассажиропотока сервис выхода пассажиров на станции получил дальнейшее развитие. В вагонах и на платформах начали устанавливать электронные табло, которые предоставляют более подробную информацию о прибытии поезда, включая точное время, номер платформы, направление выхода из вокзала и т. д. Количество сотрудников на вокзале и качество обслуживания также улучшились. Сотрудники не только руководили процессом посадки и высадки пассажиров, но и предупреждали их о необходимости подготовиться к выходу из вагона заранее. Кроме того, они оказывали помощь пассажирам с большим количеством багажа.

В рамках нового этапа развития сервиса выхода с высокоскоростных поездов были предприняты меры по гуманизации и персонализации услуг. Была внедрена интеллектуальная система навигации, позволяющая пассажирам получать точные инструкции о выходе и пересадке через мобильное приложение. На вокзале были установлены интеллектуальные знаки и устройства самообслуживания, облегчающие поиск маршрута выхода. Для пассажиров специальных групп, таких как пожилые люди, дети, инвалиды и пассажиры с младенцами, были предоставлены специальные сервисы, включая вип-проход, комнату для мам с младенцами, сопровождение инвалидных колясок и другие услуги, что значительно улучшило качество путешествия.

В последние годы появились новые инновации в сфере услуг по высадке на высокоскоростных железных дорогах. На некоторых станциях внедрена услуга «Высокоскоростная железная дорога + экспресс», которая позволяет пассажирам отправить багаж, который неудобно нести к другому транспорту прямо при выходе из поезда. Кроме того, железнодорожные станции имеют более тесную интеграцию с городским транспортом, что позволяет пассажирам легко и быстро осуществлять пересадку с одного вида транспорта на другой и добираться до нужного пункта назначения без затруднений.

История развития сервиса высадки пассажиров высокоскоростных железнодорожных поездов является ярким примером постоянного стремления китайской высокоскоростной железной дороги к совершенствованию обслуживания. Это отражает тот факт, что, несмотря на технологический прогресс, высокоскоростная железная дорога Китая всегда ставит потребности пассажиров на первое место и стремится обеспечить им более безопасные, удобные и комфортные поездки.

Ответьте на вопросы по статье. 根据文章内容回答问题。

（1）Сколько этапов развития прошел сервис выхода с высокоскоростных поездов?

（2）Каким был сервис выхода в начальный период развития высокоскоростных железных дорог?

（3）Что происходило с сервисом выхода с развитием сети высокоскоростных железных дорог и увеличением пассажиропотока?

（4）Какие новые особенности появились в сервисе выхода на новом этапе развития?

（5）Какие инновации появились в сервисе выхода в последние годы?

（6）Что отражает развитие сервиса выхода с высокоскоростных поездов?

（7）Какие преимущества для пассажиров принесли инновации в сервисе выхода с высокоскоростных поездов?

列车下车服务的发展历程

中国高铁自诞生以来，其下车服务经历了多个阶段的发展，不断满足着乘客日益增长的需求，彰显着中国高铁服务的进步与完善。

在高铁发展初期，下车服务相对较为基础。主要依靠列车广播来通知乘客即将到站，广播内容相对简单，通常只是告知站名和大致的停靠时间。站台引导也较为有限，主要是由工作人员在站台上进行简单的疏导，确保乘客安全下车。这一时期，下车服务的重点在于保障基本的安全和秩序。

随着高铁网络的不断拓展和客流量的增加，下车服务开始有了进一步的发展。电子显示屏在车厢内和站台上逐渐普及，能够更详细地显示列车到站信息，包括准确的时间、站台号以及出站口方向等。车站工作人员的数量和服务质量也有所提升，他们不仅在站台上进行引导，还会在车厢内提前提醒乘客做好下车准备，对于携带大量行李的乘客也会提供一些必要的帮助。

进入新的发展阶段，高铁下车服务更加注重人性化和个性化。智能导引系统开始应用，乘客可以通过手机 App 获取精准的下车指引和换乘信息，车站内也设置了大量的智能引导标识和自助查询设备，方便乘客快速找到出站路线。同时，针对特殊群体如老人、儿童、残疾人以及携带婴儿的乘客，提供了一系列专属服务，如无障碍通道、母婴室、轮椅接送等，极大地提高了乘客的出行体验。

近年来，高铁下车服务又有了新的创新。一些车站推出了"高铁 + 快递"服务，乘客可以在下车时将不便携带的行李直接寄走。此外，车站与城市交通的衔接更加紧密，实现了无缝换乘，让乘客能够更加便捷地到达目的地。

高铁下车服务的发展历程，是中国高铁不断追求卓越服务的缩影。它反映了中国高铁在技术进步的同时，始终将乘客的需求放在首位，致力于为乘客提供更加安全、便捷、舒适的出行体验。

Часть 3 模块三

Приоритетное обслуживание и экстренные службы
重点和应急服务

 Проект 1　Приоритетное обслуживание

项目一　重点旅客服务

学习目标

◎ 知识目标

(1) 熟悉重点旅客的类型及相关词汇。
(2) 掌握针对重点旅客服务的俄语表达。
(3) 掌握重点旅客服务的操作流程及用语。

◎ 能力目标

(1) 能够准确识别重点旅客的诉求。
(2) 能够妥善协调并处理各类重点旅客遇到的问题。
(3) 能够准确、简明、清晰地与重点旅客进行沟通。

◎ 素质目标

(1) 具备团队协调能力和沟通交流的能力。
(2) 熟知老弱病残孕重点旅客服务规范。
(3) 养成细心、耐心、用心以及讲文明有礼貌的工作习惯。

Разминка 热身

Сопоставьте картинки со словами. 给下面的词语选择对应的图片。

А

Б

В

Г

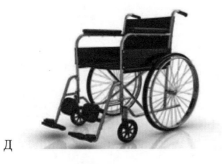

Д

Е

1. кресло-коляска 轮椅
2. лифт 电梯
3. детская коляска 婴儿车
4. аптечка первой помощи 急救箱

5. скорая помощь 救护车
6. носилки 担架

Слова и выражения 词汇短语

кресло-коляска 轮椅
услуга 服务
приоритетный 优先的
  услуга для приоритетных пассажиров 重点旅客服务
контактное лицо 联系人
служба 服务
подгузник 尿布
туалет для пассажиров с ограниченными возможностями здоровья 无障碍卫生间
пеленальный столик 尿布台,婴儿护理台
пространство 空间
площадь 面积
квадратный метр 平方米
вызов 召唤,呼叫
  кнопка экстренного вызова 紧急呼叫按钮
просторный 宽敞的
пристегивать/пристегнуть 扣在……上,扣住
ремень 皮带,皮条
  ремень безопасности 安全带
вызывать/вызвать 呼唤,找来
жаловаться/пожаловаться (на кого-что) 诉苦,抱怨
больной 生病的;病人
головокружение 头晕
давление 血压

выглядеть 看样子,显得
нездоровиться (кому)［无人称］不舒服,有病
кашель 咳嗽
болеть 患病 чем;疼痛
слабость 虚弱,无力
тело 身体
измерять/измерить 测定,测量
  измерять температуру 测量体温
термометр 体温表
сухость 干燥,干旱
рот 嘴
приём 服用;接待
  приём лекарства 喝药
иначе 否则,要不然
срочный 紧急的,迫切的
пластырь 创可贴
трость 拐杖
заботиться/позаботиться (о ком-чём) 关心,照顾
уступать/уступить (кому-чему) 让出,让给
отходить/отойти (от кого-чего) 走开;离开
тактильный 触觉的
  тактильное покрытие 盲道
Человек с ограниченными возможностями здоровья (ОВЗ) 残障人士

Диалоги 对话

任务一 轮椅预约

— Здравствуйте! Здесь можно заказать услугу кресла-коляски?
— Да, можно.
— Как заплатить за эту услугу?
— Все услуги для приоритетых пассажиров бесплатные.
— Здорово! Помогите моему отцу заказать кресло-коляску на завтрашнее утро.
— Хорошо. Дайте мне имя, номер поезда, номер телефона контактного лица.
— Сагит Сулейменов, поезд G88 на завтра, номер телефона 176-89-75-90-73.
— Сотрудник позвонит ему завтра утром.
— Спасибо большое!

— 您好！请问这里可以预约轮椅服务吗？
— 可以。
— 这项服务怎么收费？
— 所有的重点旅客服务都是免费的。
— 太好了！请帮我父亲预约一个明天早上的轮椅服务。
— 好的。请提供乘车人的姓名、车次、联系人电话。
— 萨吉特·苏列缅诺夫，明天的G88次列车，电话号码是17689759073。
— 工作人员明天早上会给他打电话。
— 非常感谢。

任务二 照顾婴儿

— Здравствуйте! Мне нужно поменять ребёнку подгузник. Где я могу это сделать?
— Вам можно сходить в туалет для пассажиров с ограниченными возможностями здоровья, который находится в вагоне 4, внутри есть пеленальный столик.
— Пространство там маленькое?
— Площадь туалета для пассажиров с ограниченными возможностями около 2 квадратных метра, внутри есть унитаз, умывальник, бумага, поручень и кнопка экстренного вызова. Туалет просторный, чистый и удобный.
— Прекрасно!
— Когда пользуетесь пеленальным столиком, не забудьте пристегнуть ребёнка ремнем безопасности. Если вам будет нужна помощь, обращайтесь ко мне в любое время.
— Хорошо, спасибо!

— 您好，我需要给孩子换尿布，可以在哪儿换呢？
— 您可以去4号车厢的无障碍卫生间，里面有母婴护理台。
— 那里空间小吗？
— 无障碍卫生间大约有2平方米，里面有坐式马桶、洗手台、纸巾、扶手和紧急呼叫按钮等，宽敞、干净又方便。
— 太好了！
— 使用护理台时请务必用安全带固定好孩子。如需帮助可以随时来找我。
— 好的，谢谢！

任务三 求助医生

– Здравствуйте! Мой друг плохо себя чувствует, нужно вызвать врача. – Где вы сейчас находитесь? – Мы сидим в зоне ожидания перед проходом контроля билетов 6А. – А на что жалуется больной? – Он чувствует головокружение. Возможно, у него высокое давление. – Сколько ему лет? – 46 лет. – Не беспокойтесь. Сейчас вызову дежурного врача. Через 5 минут он будет у вас. – Большое спасибо. – Пожалуйста.	– 您好！我的朋友不舒服，需要呼叫医生。 – 你们现在什么位置？ – 我们坐在6A检票口前面的候车区。 – 病人哪里不舒服？ – 他感觉头很晕。可能是他有高血压。 – 他多大年纪？ – 46 岁。 – 别着急，我马上叫值班医生。他大约五分钟后就到你们那儿。 – 十分感谢。 – 不客气。

任务四 帮助病人

– Господин, вы плохо выглядите, что с вами? – Мне что-то нездоровится. У меня кашель, голова болит и слабость по всему телу. – У вас температура? – Не знаю, хочу измерить температуру. – Секунду, я принесу вам термометр. – Хорошо. Можно ещё принести мне воду? У меня сухость во рту. – Конечно! – Спасибо.	– 先生，您脸色看起来不大好，您怎么了？ – 我有些不舒服。我咳嗽、头疼，还感到全身无力。 – 您是发烧了吗？ – 不清楚，我想量一下体温。 – 请稍等，我给您拿体温计。 – 好的，可以再帮我拿杯水吗？我口干。 – 当然可以！ – 谢谢！

Комментарии 语法注释

1. 电话读法

中国的手机号码一般是11位数字，读时一般按照"3-2-2-2-2"的模式划分为百位数和十位数的组合。例如：

176-89-75-90-73 – сто семьдесят шесть восемьдесят девять семьдесят пять девяносто семьдесят три

其他国家的手机号,也是用类似的方式来读。例如,俄罗斯手机号一共有11位,所有的电话号码开头都是区号,即+7,剩下的十位数字则以"3-3-2-2"的方式断开。例如:

+7-985-187-22-92 – плюс семь девятьсот восемьдесят пять сто восемьдесят семь двадцать два девяносто два.

2. чувтвовать кого-что 感觉,觉得

①Этот пассажир чувствует головокружение.

这名旅客感到头晕。

②Эта беременная женщина плохо себя чувствует.

这名孕妇感到不舒服。

③После приёма лекарства он почувствовал себя лучше.

吃药后,他感觉好多了。

3. вызвать кого 请来,找来,召唤

①Если вы плохо себя чувствуете, вызывайте дежурного врача.

如果您感觉不适,请呼叫值班医生。

②Не курите в вагоне, иначе я вызову полицию.

请不要在车厢内吸烟,否则我要报警了。

③Вызовите проводника, у меня есть срочное дело.

请叫乘务员来,我有急事。

4. пожаловаться на кого-что 诉苦,抱怨

①На что жалуется пассажир?

旅客哪里不舒服?

②Он пожаловался на здоровье врачу.

他向医生诉说身体不适。

③Больной жалуется на головокружение.

病人感觉头晕。

5. Вы плохо выглядите.

　　У вас больной вид.　您脸色不太好。

　　На вас лица нет.

①Вы сегодня плохо выглядите. Что с вами?

您今天看起来不太好。您怎么了?

②У вас больной вид, обратитесь к врачу.

您看起来病了,去看医生吧。

③Побольше отдыхай, на тебе лица нет.

请多休息,你脸色不太好。

6. кому нездоровится 某人不舒服,身体欠佳(无人称动词)

①Сегодня утром ему нездоровилось, поэтому он решил остаться дома и отдохнуть.

今天早上他感觉不舒服，所以决定留在家里休息。

②Проводник заметил, что пассажиру нездоровится, и вызвал врача.

乘务员发现乘客不舒服，叫来了医生。

③Когда ей нездоровится, мама часто говорит «Побольше пей горячей воды».

当她感觉不舒服时，妈妈经常说"多喝热水"。

7. у кого + симптом или заболевание

у кого болит/болят + 身体部位   表示身体某部位不舒服或生病

①У вас температура (кашель, плохой аппетит).

您发烧（咳嗽、胃口不好）。

②У него грипп (простуда).

他得了流感（感冒）。

③У меня болит голова (живот, желудок, горлоло).

我头（肚子、胃、嗓子）疼。

④У меня болят зубы (руки, ноги, глаза).

我牙齿（手、脚、眼睛）疼。

8. принести кому что 给某人拿来……

①Проводник принёс пассажиру с детьми пластырь.

乘务员给带小孩的乘客拿来了创可贴。

②Принесите этому пожилому человеку трость, пожалуйста.

请给这位老人拿一根拐杖。

③Принесите горячей воды этому пассажиру, пожалуйста.

请给这名乘客拿一些热水。

Предложения 实用句式

1. Я хочу взять кресло-коляску.

我想借用轮椅。

2. Все услуги для приоритетных пассажиров бесплатные.

所有特殊旅客服务都是免费的。

3. Мы сопроводим приоритетных пассажиров на платформу.

我们会护送特殊旅客到达站台。

4. В туалете для пассажиров с ограниченными возможностями здоровья есть пеленальный столик, на котором можно менять ребёнку подгузник.

在无障碍卫生间里有母婴护理台，您可以在上面给孩子换尿布。

5. Когда пользуетесь пеленальным столиком, не забудьте пристегнуть ребёнка ремнем безопасности.

使用母婴护理台时，请记得为孩子系好安全带。

6. В передней части вагона 8 есть специальная зона для кресло-коляски.

8号车厢前部有专门的轮椅放置区。

7. Где вы сейчас находитесь?

您现在什么位置?

8. На что жалуется больной?

病人哪里不舒服?

9. Пассажир чувствует головокружение.

旅客感到头晕。

10. У пассажира высокое давление.

旅客有高血压。

11. Сейчас вызову дежурного врача.

我现在呼叫值班医生。

12. Вы можете присмотреть за этим пожилым человеком в дороге?

你能在路上照顾一下这位老人吗?

13. Он выходит на Восточном вокзале Чжэнчжоу, пожалуйста, напомните ему об этом.

他到郑州东站下车,到站前请提示他一下。

14. Не беспокойтесь! Я обязательно позабочусь о нём.

请放心! 我一定会照顾好他的。

15. Пройдёте вперёд метров 20 и увидите лифт.

向前走20米左右就能看见电梯了。

16. Скорость очень высокая, позаботьтесь о детях и обратите внимание на безопасность.

车速很快,请您看管好小朋友,注意安全。

17. Уступайте места беременным женщинам, пассажирам с детьми и пожилым людям.

请给孕妇、带小孩的乘客和老人让座。

18. Уйдите с тактильного покрытия.

请让开盲道。

19. Сообщите нам заранее, если у вас есть какие – либо особые требования.

如果有特殊需求请提前告知我们。

20. В справочном центре есть аптечка первой помощи.

在服务中心有急救包。

21. В случае чрезвычайной ситуации вы можете нажать кнопку экстренного вызова.

在紧急情况下,您可以按下紧急按钮。

Упражнения 练习

Упражнение 1. Соедините названия предмета первой помощи на картинке с помощью словаря. 借助字典将下列图片中急救物品的名称进行连线。

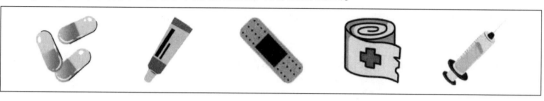

(1) бинт　　　(2) мазь　　　(3) таблетки　　　(4) шприц　　　(5) пластырь

Упражнение 2. Вставьте «болеть» в нужной форме. 用 болеть 的适当形式填空。
(1) У меня _____ горло.
(2) У моего брата _____ все тело.
(3) Виктор уже _____ больше года.
(4) У дедушки _____ ноги.
(5) У детей _____ глаза.

Упражнение 3. Заполните правильные вопросительные слова. 请填入正确的疑问词。
(1) Скажите, _____ туалет для пассажиров с ОВЗ?
(2) _____ вы жалуетесь?
(3) _____ я могу вам помочь?
(4) _____ у вас болит?
(5) _____ вы себя чувствуете?

Упражнение 4. Завершите диалог. 补全对话。
A: Скажите пожалуйста, где _____?
请问,轮椅放置区在哪里？
B: _____, и вы увидите её.
走到 8 号车厢前部,您就看到它了。

Упражнение 5. Переведите на русский язык словосочетания, данные в скобках. 将括号内的词组翻译为俄语。
(1) Скажите пожалуйста, где _____ (母婴护理台).
(2) Спуститься по _____ (电梯或直梯) вниз.
(3) Уступайте места _____ (残障人士).
(4) Пассажир хочет _____ (量体温).
(5) Нам нужна _____ (急救包).

Упражнение 6. Составьте предложения и фразы из следующих слов. 连词成句。

(1) Сказать, пожалуйста, где, находиться, справочный, центр?

_____

(2) У, я, болеть, живот, нужно, вызвать, врач.

_____

(3) Уступать, места, беременные, женщины.

_____

(4) Дежурный, врач, прийти, с, аптечка, первой, помощь.

_____

(5) Если, вы, нужна, помощь, можно, нажать, кнопка, экстренный, вызов.

_____

Упражнение 7. Переведите следующие предложения на русский язык. 请将下列句子翻译成俄语。

(1) 您别着急，我马上就叫值班医生。

_____

(2) 小伙子帮奶奶预约了轮椅服务。

_____

(3) 这位年纪大的旅客患了流感。

_____

(4) 我头非常疼，可能发烧了，请帮我测量下体温。

_____

(5) 请带好护照去值班室，在那里我们的工作人员会为您解决问题。

_____

Упражнение 8. Русский пассажир Павел хочет заказать услугу кресла-коляски для бабушки, напишите диалог на примере этого урока. 俄罗斯乘客帕维尔想为祖母预定轮椅服务，请根据本课示例编写对话。

Чтение 拓展阅读

Услуги железнодорожного транспорта для приоритетных пассажиров

Министерство транспорта и коммуникаций провело исследование работы ключевых сервисов по перевозке пассажиров за определенный период. Были учтены пожелания и комментарии пассажиров, а также разработаны единые стандарты для предоставления специализированных услуг по перевозке пассажиров железнодорожным транспортом. Это позволило уточнить требования к сервисам и их предоставлению.

Во-первых, необходимо уточнить объекты и сферу деятельности службы. Целевой аудиторией обслуживания являются пассажиры, имеющие особые потребности: пожилые, дети, больные, инвалиды, а также специальные категории пассажиров, которые нуждаются в вспомогательных устройствах для передвижения. Услуги включают в себя приобретение железнодорожных билетов, доступ на вокзал, ожидание поезда, посадку и высадку.

Во-вторых, необходимо уточнить содержание и стандарты предоставляемых услуг. Для пассажиров, имеющих приоритетный статус, предусмотрены следующие привилегии:

- приоритетный досмотр безопасности;
- приоритетный контроль документов;
- приоритетный контроль билетов;
- услуги гида;
- различные услуги безбарьерного доступа.

Кроме того, работники железнодорожного транспорта оказывают помощь беременным женщинам, пожилым людям и пассажирам с ограниченными возможностями. В их обязанности входит:

- помощь в переноске багажа;
- предоставление инвалидных колясок и носилок;
- помощь пассажирам с нарушениями зрения и слуха;
- перевозка собак-поводырей;
- предоставление услуг по уходу за пассажирами в поезде.

В-третьих, необходимо стандартизировать процесс оформления и подачи заявок. Пассажиры могут оформить заявку через онлайн-каналы, такие как официальный сайт железной дороги 12306 (мобильное приложение), с помощью QR-кода, через горячую линию службы поддержки клиентов 12306 и т. д. Также можно подать заявку на встречу через офлайн-каналы, такие как служба поддержки станции, комплексный сервисный центр или через проводника поезда. При подаче заявления необходимо предоставить информацию о поездке, требования к услуге и действительные подтверждающие документы.

В-четвёртых, необходимо стандартизировать меры по предоставлению услуг, которые оказываются на территории вокзала и в поездах. Пассажиры, успешно забронировавшие билеты, должны прибыть на вокзал заблаговременно, имея при себе подтверждающие документы. Железнодорожные компании предоставляют услуги в соответствии с потребностями пассажиров.

В-пятых, необходимо улучшить качество сервисных и гарантийных услуг. Для этого требуется создать и модернизировать безбарьерную среду на вокзалах и в поездах, привести её к единому стандарту, провести реконструкцию объектов, предоставить всю необходимую информацию, а также оптимизировать различные средства для людей с ограниченными возможностями. Кроме того, следует обеспечить наличие вспомогательных устройств, таких как инвалидные коляски, носилки и т. д. Важно также организовать специальные зоны для пассажиров с особыми потребностями, чтобы им было легче ориентироваться и находить нужные места. В рамках программы 12306 были полностью оптимизированы функции системы бронирования для особых и приоритетных пассажиров.

В дальнейшем железнодорожное ведомство будет продолжать работу по оптимизации и совершенствованию мер обслуживания, оборудования и средств, а также по повышению уровня комфорта и удобства пассажиров во время поездки.

Ответьте на вопросы по статье. 根据文章内容回答问题。

（1）Какие категории пассажиров имеют право на приоритетное обслуживание в поездах?

（2）Какие услуги доступны для пассажиров?

（3）Как пассажиры могут оформить заявку на приоритетное обслуживание онлайн?

（4）Какие вспомогательные устройства есть на вокзале?

（5）Какие задачи будут выполнять железнодорожные компании в отношении предоставления приоритетных услуг в будущем?

铁路特殊重点旅客服务

铁路部门总结近年来重点旅客运输服务工作经验，广泛听取旅客意见建议，对铁路特殊重点旅客运输服务相关规则进行了统一规范，明确了服务的内容和标准。

一是明确服务对象和范围。服务对象为老、幼、病、残、孕等重点旅客和需依靠辅助器具行动的特殊重点旅客；服务范围包括铁路售票、进站、候车、乘车、出站等各个环节。

二是明确服务内容和标准。重点旅客可享受优先安检、优先验证、优先检票、引导服务，使用各种无障碍服务设施等服务。铁路工作人员还将帮孕妇、老人提拿行李，为患病旅客提供轮椅、担架协助上车，引导视听障碍残疾人乘车，提供携带导盲犬服务，以及列车内随访关照等服务。

三是规范预约申请流程。持铁路有效车票的特殊重点旅客可通过铁路12306网站（App）、铁路畅行码、12306客户服务热线等线上渠道，或车站12306服务台、综合服务中心和列车长等线下渠道提出预约申请，预约时需提交相关出行信息、服务需求和有效证明材料。

四是规范车站服务措施。预约申请成功后的旅客，需携带证明材料提前到达指定地点。车站工作人员根据需求提供相应服务。

五是优化服务保障设施。持续推进无障碍出行环境的建设和改造，规范无障碍环境、设施改造、服务保障、信息服务，优化各种无障碍软硬件设施，配置轮椅、担架等辅助器械。在车站显著位置统一设置预约旅客会合点，便于识别和查找。铁路12306全面优化特殊重点旅客预约服务系统相关功能。

未来，铁路部门还将不断优化完善服务措施和设备设施，持续提升旅客出行体验，让铁路出行变得更加温馨便捷。

Проект 2　Экстренные службы

项目二　应急服务

学习目标

◎ 知识目标

(1) 掌握铁路客运突发事件的词汇。
(2) 掌握处理突发事件的有用句型。
(3) 熟悉应急服务的类型、处理流程和规范操作。

◎ 能力目标

(1) 能够在各类应急情况下用俄语为旅客提供服务。
(2) 能够及时传递紧急信息,妥善处理各类应急事件。
(3) 能够在紧急情况下安抚乘客情绪。

◎ 素质目标

(1) 提升语言表达能力和跨文化交际能力。
(2) 提高团队协作的能力,确保应急工作顺利进行。
(3) 以自信、从容的姿态面对各种突发情况。

Разминка 热身

Сопоставьте картинки со словами. 给下面的词语选择对应的图片。

А

Б

1. огнетушитель 灭火器
2. курение запрещено 禁止吸烟
3. экстренное торможение 紧急制动
4. аварийный выход 紧急出口
5. камера видеонаблюдения 监控摄像头
6. аварийный молоток 应急锤

Слова и выражения 词汇短语

запрещено 禁止
торможение 制动
камера 摄像机
видеонаблюдение 视频监视
   камера видеонаблюдения 监控摄像头
молоток 锤子
громко 大声地
влиять/повлиять（на кого-что）影响
напоминать/напомнить 提醒, 使……回
忆起
потише 安静一些, 小声点儿地
шуметь［未］喧哗
мешать/помешать（кому-чему）打扰
находить/найти 找到, 寻到, 捡到
из-за кого-чего 因为, 由于
ливень 暴雨
сигнал 信号
временный 临时的, 暂时的

временная остановка 临时停车
всеми силами 全力
ремонт 修理
пробыть［完］停留
как только 一……，就……
задерживаться/задержаться 延误
системный 系统的
ошибка 错误
резервный 后备的，预备的
резервный поезд 热备车
управление 管理，控制；局，署
неудобство 不方便，不舒适
освобождать/освободить 给以自由，释放
шум 噪声

пробки 拥堵
впереди 在前面
двигаться/двинуться 移动
назначение 用途，使命，目的
окружение（周围）环境
пустяк 小事，琐事
возле（接二格）在……附近，在……旁边
комфорт 方便，舒适
чужой 别人的
потерянный 丢失的
срабатывание 响应，起爆
сигнализация 信号设备，报警器
угроза 威胁，危险

Диалоги 对话

任务一　静音车厢

- Здравствуйте! Тот мальчик слишком громко разговаривает, и мешает мне отдыхать. Можно ли напомнить ему, чтобы он вёл себя потише.
- Хорошо, не волнуйтесь, я решу эту проблему.
（Обращться к родителям мальчика）
- Здравствуйте! Скажите, пожалуйста, это ваш ребёнок?
- Да.
- Это «тихий вагон», позаботьтесь о том, чтобы ваш ребёнок не шумел, и не мешал другим пассажирам.
- Прошу прощение, наверное, он в первый раз в высокоскоростном поезде, слишком развеселился, я его успокою.
- Спасибо большое за понимание и сотрудничество!

- 您好！那个小男孩说话声音太大了，影响到了我休息。您能提醒他小点儿声吗？
- 好的，请别着急，我来处理。
（面对孩子家长）
- 您好！请问这是您的孩子吗？
- 是的。
- 本节列车是"静音车厢"，请照顾好您的小孩，不要喧哗，以免影响其他旅客。
- 对不起，他可能第一次坐高铁太兴奋了，我会让他安静的。
- 非常感谢您的理解与配合！

任务二　行李丢失 •••	
– Здравствуйте! Я потерял свой чемодан, что делать?	– 您好！我的行李箱丢了，怎么办？
– Где вы его потеряли? На вокзале или в поезде?	– 您是在哪儿丢的？车站里还是火车上？
– Наверное, в вагоне.	– 应该是在火车上。
– А какого цвета ваш чемодан? И что в нём было?	– 您的箱子是什么颜色？里面有什么？
– Чемодан небольшой, белого цвета.	– 是一个白色的小行李箱。
– На какой поезд вы сели? И какой вагон?	– 您乘坐的是哪趟火车？第几车厢？
– Вот мой билет.	– 这是我的车票。
– Хорошо, вашу информацию я уже записала. Скажите ваш номер телефона, мы позвоним вам, как только найдём его.	– 好的，您的信息我已经记下了。麻烦说一下您的电话号码，一有消息就联系您。
– Спасибо большое!	– 太感谢了！

任务三　临时停车 •••	
– Здравствуйте, что случилось? Почему поезд остановился?	– 您好，发生了什么？列车怎么停了？
– Из-за ливня сигнал не работает, сейчас временная остановка.	– 由于暴雨，信号中断，现在是临时停车。
– Как долго нам придётся здесь стоять?	– 我们要在这里停留多久？
– Это неизвестно. Экипажи всеми силами работают над ремонтом. Мы сообщим вам, как только получим новости.	– 这个不确定，工作人员正在抢修。有消息会第一时间通知大家？
– Успеем ли мы вовремя на Южный вокзал Пекина?	– 我们还能正点到北京南站吗？
– Поезд может задержаться на некоторое время, извините за неудобства.	– 列车可能将会晚点一段时间，为给您带来的不便深感抱歉。

任务四　列车故障 •••	
– Почему поезд не едет?	– 车怎么不走呢？

– Из-за системной ошибки этот поезд не может идти дальше. Резервный поезд прибудет на место остановки в 12：00, пожалуйста, ождайте. – Будет ли резервный поезд останавливаться в моём пункте назначения？ – Скорость, маршрут и остановки резервного поезда такие же, как и у этого поезда, когда услышите сообщение работников пройти на посадку, не забудьте свой багаж. – Понятно. Спасибо.	– 由于系统故障，本趟列车不能继续运行。热备车将于 12 点到达我们的停车地点，请稍等片刻。 – 那热备车在我的目的地会停吗？ – 热备车的速度、线路、停靠站都和本次列车相同，到时请听从列车工作人员的指挥，携带好行李物品乘车。 – 明白了。谢谢。

Комментарии 语法注释

1. запрещено 禁止

该词为动词 запретить 过去时被动形动词中性短尾形式，阳性短尾为 запрещён，阴性短尾为 запрещена，复数短尾为 запрещены。被动形动词由及物动词构成，通过事物直接承受的行为来表示该事物的特征，有性、数的区分，译为"被……的""已经被……的"。同时，被动行动词可以构成短尾形式，在句中作谓语，行为主体作补语，用第五格表示。

①Уважаемые пассажиры, во время движения поезда курение запрещено.
尊敬的旅客朋友们，列车行驶过程中禁止吸烟。

②Простите, ставить сумки возле аварийного выхода запрещено.
打扰一下，安全出口禁止放包。

③Движение на велосипедах запрещено.
自行车禁止通行。

2. повлиять на кого-что 有影响

①Наш сервис влияет на настроение пассажира.
我们的服务会影响乘客的心情。

②Окружение влияет на характер личности.
环境会影响一个人的性格。

③Интернет влияет на жизнь человека.
网络会影响到人类的生活。

3. напоминать/напомнить кому кого-что 及 о ком-чём 提醒，使……回忆起

①Начальник вокзала напомнил сотрудникам о собрании.
站长提醒工作人员开会。

②Эта поездка напоминает мне о прошлых каникулах.

这次旅行让我想起了上个假期。

③Это фото напоминает мне о старом вокзале.

这张照片使我想起了老车站。

4. взволноваться 激动，焦虑，慌张

表示心情激动、紧张，可能是为不好的事情担心，也可能因为兴奋而心情激动。

①Не волнуйтесь, отвечайте спокойно.

别紧张，冷静地回答吧。

②Не надо волноваться из-за пустяков.

不要由于小事而焦虑。

③Мы все волновались за него.

我们大家都为他着急。

5. заботиться/позаботиться о ком-чём 担心，关心

①Он много заботился о своём здоровье.

他非常关心自己的健康。

②Проводники заботятся о комфорте пассажиров.

列车员们关心旅客的舒适度。

③Она заботилась о чужих детях, как о родных.

她照顾别人的孩子，就像对待自己的孩子。

6. помешать кому-чему 打扰……

①Пожалуйста, говорите тише, чтобы не мешать другим.

请低声说话，以免打扰到其他人。

②Не мешайте другим пассажирам отдыхать.

请勿干扰其他乘客休息。

③Не мешайте проводнику работать.

请勿打扰列车员工作。

7. найти кого-что 找到，寻到，捡到

найти 强调结果，表示已经找到，过去式为 нашёл, нашла, нашли。

①Пассажир нашёл потерянную вещь.

乘客找到了遗失的东西。

②Молодой человек не нашёл свой билет.

年轻人找不到自己的车票了。

③Я не нашла свой чемодан.

我找不到我的行李了。

8. как только 一……，就……

①Как только выполню работу, я приду к тебе.

我一完成工作就去找你。

②Как только привезли сувениры, сразу все разобрали.

纪念品一运到,马上就被抢购一空。

③Как только возникнет трудность, обратитесь за помощью к службе поддержки.

一有困难,就向服务中心求助。

9. задержаться на (сколько времени) 延误(多长时间)

①Поезд задержался на 4 часа.

火车晚点了四小时。

②Мы на вокзале задержались на целый день.

我们火车站耽误了一整天。

③Поезд задерживается на некоторое время.

列车晚点一段时间。

10. из-за кого-чего 由于,因为(通常导致的是坏结果)

①Из-за ливня, ваш поезд ещё не прибыл на станцию.

您的列车由于暴雨还未到站。

②Из-за шума ничего не слышно в вагоне.

由于吵闹,车厢里什么也听不见。

③Из-за пробки пассажир опоздал на поезд.

因为堵车乘客误了火车。

Предложения 实用句式

1. Не могли бы вы говорить тише, чтобы не мешать другим?

请大家说话小点声儿,不要打扰别人好吗?

2. Почему поезд не едет?

请问列车为什么不走?

3. Я потерял свой чемодан.

我的行李箱丢了。

4. Где вы чемодан потеряли? На вокзале или в вагоне?

您的箱子在哪里丢了? 车站里还是车厢里?

5. Вашу информацию уже записали.

您的信息我们都已经记下。

6. Мы позвоним вам, как только найдём его.

一有消息就联系您。

7. Не волнуйтесь, это временная остановка.

别担心,这只是临时停车。

8. Как долго мы пробудем здесь?

我们要在这里停留多久？

9. Поезд задерживается на некоторое время.

列车会晚点一段时间。

10. Мы приносим извинения за доставленные вам неудобства.

为给您带来的不便深感抱歉。

11. Из-за системной ошибки этот поезд временно остановился.

由于发生系统故障，列车临时停车。

12. Резервный поезд будет останавливаться в моём пункте назначения？

那列车在我的目的地会停吗？

13. Поезд ещё не прибыл на станцию.

火车还没有到站。

14. В вагоне нельзя курить！

车厢内禁止吸烟！

15. Дым от сигарет，может вызвать срабатывание сигнализации и поставить под угрозу безопасность эксплуатации железной дороги.

吸烟引发烟雾报警，危及行车安全。

16. Будьте внимательны и осторожны при выходе из вагонов！

下车请当心！

17. Держитесь за поручни！

请抓好扶手！

18. Мы посмотрим записи с камер видеонаблюдения в вагонах.

我们会查看车厢监控。

Упражнения 练习

Упражнение 1. Соедините предупреждающее сообщение с правильным значком. 请将图标与对应的警示语进行连线。

Проход запрещён！

Курение запрещено！

Не трогать！

Осторожно! Скользко！

Не мусорить！

Не прислоняться！

Упражнение 2. Вставьте «ехать» или «ездить» в нужной форме. 用 ехать 或 ездить 的适当形式填空。

（1）Этот пассажир сейчас _____ на вокзал.

（2）Вам нужно _____ примерно 30 минут.

（3）Куда _____ этот высокоскоростной поезд?

（4）Мы часто _____ за город на автобусе.

（5）Вы обычно _____ в деревню летом?

Упражнение 3. Переведите на русский язык словосочетания, данные в скобках. 将括号内的词组翻译为俄语。

（1）_____（不要担心）, сейчас временная остановка.

（2）Какой _____（目的地）у этого поезда?

（3）Сейчас _____（临时停车）.

（4）Поезд _____（晚点）на 50 минут.

（5）Не надо громко разговаривать, чтобы не _____（影响他人）.

Упражнение 4. Выберите правильный предлог, чтобы заполнить предложение. 请从括号中选择正确的前置词填入句子。

（1）Спасибо _____ терпение. (на/за)

（2）_____ билета мы не можем ехать на поезде. (без/у)

（3）Пожалуйста, обратите внимание _____ объявление. (на/у)

（4）Пассажиры пересядут _____ резервный поезд. (на/без)

（5）_____ ливня, сингнал поезда не работает. (из-за/благодаря)

Упражнение 5. Переведите следующие предложения на китайский язык. 将下列句子译成汉语。

（1）Поезд задерживается на 2 часа.

_____

（2）Скорость, маршрут и остановки резервного поезда такие же, как и у этого поезда.

_____

（3）Мама позвонила, чтобы напомнить ему о времени отправления.

_____

（4）Скажите пожалуйста, номер вашего телефона?

_____

（5）Мы все приносим свои извинения за доставленные неудобства.

_____

Упражнение 6. Переведите следующие предложения на русский язык. 请将下列句子翻译成俄语。

(1) 我找不到自己的车票了。

(2) 我手机丢了，可以帮我查下监控吗？

(3) 列车预计什么时间可以到站？

(4) 我们会随时广播通知您。

(5) 列车将会晚点 40 分钟。

(6) 由于大风，列车暂时不能正常运行。

Упражнение 7. Казахский пассажир Назар потерял свой чемодан, помогите ему искать и напишите диалоги по этой ситуации. 哈萨克斯坦乘客纳扎尔丢失了行李箱，请帮助他寻找并就这一情景编写对话。

Чтение 拓展阅读

Железнодорожная аварийно-спасательная служба

В целях обеспечения безопасности и стабильности работы железнодорожного транспорта, а также для оперативного реагирования на чрезвычайные ситуации, разработан комплекс мероприятий, включающий в себя планы действий аварийно-спасательных служб. Это позволит обеспечить безопасность пассажиров, сохранность грузов и бесперебойное функционирование транспортной сети.

Железнодорожные аварийно-спасательные службы выполняют широкий спектр задач, включая оперативное реагирование на стихийные бедствия, оперативное устранение технических неисправностей и оказание экстренной медицинской помощи пассажирам. Основными характеристиками железнодорожных аварийно-спасательных служб являются оперативность и точность.

В случае возникновения чрезвычайной ситуации активируется механизм реагирования, а информация о происшествии оперативно поступает в соответствующие службы благодаря усовершенствованной системе мониторинга. В случае стихийных бедствий, таких как тайфуны и землетрясения, железнодорожники могут оперативно активировать планы действий в чрезвычайных ситуациях, обеспечивая безопасность железнодорожных линий и своевременную эвакуацию пассажиров. Это достигается благодаря точным системам раннего предупреждения, эффективной диспетчеризации и управлению. Кроме того, железнодорожная компания сформировала профессиональную бригаду технического обслуживания для проведения регулярных проверок транспортных средств и путей. При обнаружении скрытых опасностей будут приняты меры для предотвращения сбоев. Технология прогнозирования неисправностей, основанная на анализе больших данных, может эффективно снизить вероятность внезапных сбоев и повысить стабильность работы. На вокзалах и в поездах имеются медицинские пункты, оснащённые лекарствами и средствами первой помощи. Специалисты всегда готовы оказать пассажирам своевременную медицинскую помощь.

Эффективность работы железнодорожных аварийно-спасательных служб подтверждается их способностью оперативно реагировать на чрезвычайные ситуации и выполнять профессиональные задачи. В случае возникновения чрезвычайных ситуаций на железной дороге, спасательные службы оперативно реагируют и принимают меры для восстановления движения транспорта и обеспечения безопасности пассажиров и их имущества.

В будущем, по мере развития технологий, железнодорожные аварийно-спасательные службы будут становиться более совершенными и эффективными, что обеспечит пассажирам более безопасные и комфортные поездки.

Ответьте на вопросы по статье. 根据文章内容回答问题。

（1）Какова роль железнодорожных аварийно-спасательных служб в экономике страны?

（2）Из каких элементов состоят железнодорожные аварийно-спасательные службы?

（3）Каковы основные характеристики железнодорожных аварийно-спасательных служб?

（4）Какая медицинская помощь предоставляется на вокзалах и в поездах?

铁路应急服务

为了应对突发情况和确保铁路运输的安全和稳定,我国制定了一系列的铁路应急服务预案以保障旅客安全、货物安全及运输网络的畅通。

铁路应急服务涵盖面广,包括但不限于:自然灾害的快速响应、技术故障的即时处理、旅客突发健康状况的紧急救助。铁路应急服务有"快"与"准"这两大特点。

一旦发生紧急情况,应急响应机制迅速启动,通过先进的监测系统,第一时间获取现场信息。在面对台风、地震等自然灾害时,铁路部门能迅速启动应急预案,通过精准的预警系统和高效的调度指挥,确保线路安全,及时疏散旅客。在技术层面,铁路部门配备了专业的维护队伍,对车辆、轨道进行定期检查,一旦发现隐患,立即采取措施。同时,基于大数据分析的故障预测技术,能有效减少突发故障的发生,提升整体运行的稳定性。车站和列车均设有医疗点,配备常用药品和急救设备,专业人员随时待命,为旅客提供及时的医疗援助。

高效的铁路应急服务还体现在专业救援队伍的快速响应与精准操作上。面对各种应急服务场景,救援队伍都能以最短时间恢复运输秩序,保障乘客生命财产安全。

未来,随着科技的不断进步,铁路应急服务将更加智能化、精准化,为旅客提供更加安全、便捷的出行体验。

Часть 4 模块四

Служба объявления
广播服务

Проект 1　Объявление на вокзалах

项目一　车站广播

 学习目标

◎ 知识目标

(1) 掌握车站通告的广播词汇。
(2) 掌握车站通告的广播内容和句式。
(3) 理解短文内容并掌握文中的单词和短语。

◎ 能力目标

(1) 能够广播售票、进站、检票、安检等信息。
(2) 能够广播列车火车出发、到站等信息。
(3) 能够进行其他应急广播。

◎ 素质目标

(1) 具备良好的语言组织能力和表达能力。
(2) 具备严谨规范的职业素养。
(3) 具备敏锐的观察和应变能力。

Разминка 热身

Сопоставьте картинки со словами. 给下面的词语选择对应的图片。

А

Б

В

Г

Д

Е

1. туалет для пассажиров с ограниченным возможностями 无障碍卫生间
2. электронное табло 电子屏
3. маркировка 车厢标识
4. дежурная комната 客运值班室

5. расстояние между поездом и платформой 列车和站台的间隙
6. белая линия безопасности 白色安全线

Слова и выражения 词汇短语

подозрительный 可疑的
присмотр 照顾,照管
полиция 警察
проносить/пронести 携带
лента 带,带子,带状物
сокращение 减少,缩短
прохождение 进行,运行,通过
бутылочный 瓶装的
консервированный 已装罐的
регистрация 注册;登记
военнослужащий 军人
извинение 道歉,原谅
тайфун 台风
отменяться/отмениться 取消,停止,废除
шторм 暴风雪
дальнейший 继续的,进一步的
уведомление 通知,公告
планировать/спланировать 计划
избежание 防止,避免
 во избежании（чего）为避免……,以免
падение 跌落
рельс 钢轨,轨道
выходящий 下车的人
немедленно 立即
предел 边界,范围
маркировка 标志,标识

ожидать 等候,等待
состав 列车
подвижной состав 车辆
ходьба 步行
соблюдать/соблюсти 遵循
толпиться 聚集,成群
скользкий 光滑的,溜滑的
поскользнуться［完］滑倒
падать/упасть 坠落,跌倒
покидать/покинуть 离开
транзитный 转接的
 транзитный билет 联程票
 транзитный поезд 中转列车;过镜列车
приостанавливаться/приостановиться 暂停,中止
отображать/отобразить 表现;反映;显示
табло 显示屏幕
 электронное табло 电子屏
надлежащий 适当的,规定的,相宜的
утерянный 丢失的
забирать/забрать 拿,取
искать［未］寻找
непогода 恶劣天气
смена 更换,换班
увеличиваться/увеличиться 提高,增加

Текст объявления 常用广播词

任务一　安检广播

– Добро пожаловать на Северный вокзал Сианя. Приготовьте ваше действующее удостоверение личности для проверки. – В случае обнаружения подозрительных вещей, которые находятся без присмотра и людей с подозрительным поведением, сообщите в полицию или сотрудникам железной дороги. – Встаньте в очередь для прохода досмотра безопасности. – Проносить на станцию легковоспламеняющиеся, взрывоопасные или токсичные вещества строго запрещено! – Для безопасности всех пассажиров, поставьте весь багаж и ручные сумки на ленту сканера! – Пассажиры, которые едут поездом G198 на Южный вокзал Пекина, пройдите в специальную зону ожидания для второго досмотра. В целях сокращения времени прохождения досмотра безопасности для вас и других пассажиров, заранее достаньте из багажа все виды бутылочных и консервированных жидкостей, таких как вода, напитки и т. д., а также зажигалки, повербанки.	– 欢迎来到西安北站。请您准备好有效身份证件接受检查。 – 如有遇到无人看管的嫌疑包裹或发现有人行为可疑，请立即通知公安民警或铁路工作人员。 – 请您排队安检。 – 严禁携带易燃、易爆、有毒物品进站！ – 为了您和他人的安全，请将所有行李物品和挎包过机检查。 – 旅客们请注意，请乘坐 G198 次列车去往北京南方向的旅客，到候车专区进行二次安检。为缩短安检时间，请提前将行李箱内的水、饮料、保温杯等各类瓶装罐装液体、打火机、充电宝取出接受安检，以免耽误您和其他旅客的进站时间。

任务二　检票广播

– Дорогие сотрудники, обращаем ваше внимание, что поезд G58 готовится к отправлению. Регистрация билетов и посадка пассажиров начнётся через 5 минут. Будьте готовы ко встрече пассажиров.	– 工作人员请注意，动车 G58 次列车再过 5 分钟就要检票了，请做好准备，迎接旅客上车。

— Здравствуйте, пассажиры! Скоро начнётся проверка билетов и посадка на поезд G2361 маршрута Северный вокзал Гуйяна-Нинбо. Просим пассажиров, которые едут поездом G2361, встать в очередь на посадку у выхода № 10 для контроля билетов.	— 旅客们,你们好！由贵阳北开往宁波方向的 G2361 次列车马上开始检票,有乘坐 G2361 次列车的旅客请到 10 检票口排队等候上车。
— Здравствуйте, дамы и господа! Начинается проверка билетов и посадка на поезд D1903 маршрута Южный вокзал Тайюаня – Восточный вокзал Чэнду. Пассажиров, которые едут этим поездом, просим пройти на этаж отправления к выходу 22B и 23B для проверки билетов и посадки на поезд.	— 女士们,先生们,你们好！由太原南开往成都东方向的 D1903 次列车现在开始检票。有乘坐该次列车的旅客,请到出发层,22B、23B 检票口检票进站。
— До отправления поезда G7381 в Цзиньхуа осталось 5 минут. Пассажиров, которые едут поездом G7381, просим подойти как можно скорее к выходу 14B или 15B для проверки билетов и посадки на поезд.	— 开往金华的 G7381 次列车距离开车仅有 5 分钟了,请乘坐 G7381 的旅客抓紧时间到 14B、15B 检票口检票上车。
— Дамы и господа! Заканчивается проверка билетов на поезд G875 маршрута с Уханьского вокзала на Северный вокзал Шэньчжэня. Пассажиры, которые ещё не проверили билеты, срочно проследуйте на этаж отправления, к выходу 26B и 27B для контроля билетов и посадки.	— 女士们,先生们！由武汉开往深圳北方向的 G875 次列车即将停止检票,还未检票的旅客请抓紧时间到出发层,26B、27B 检票口检票进站。
— Проверка билетов на поезд G58, который следует на Западный вокзала Пекина прекращается. Пассажиров, которые не успели пройти на посадку, просьба поменять билеты.	— 开往北京西方向的 G58 次列车现在停止检票,请未及时进站的旅客办理车票改签手续。
— Пассажиры с действующими удостоверениями личности могут пройти на станцию через автоматические турникеты.	— 持有有效身份证件的旅客可以使用自动闸机检票进站。
— Начинается проверка билетов на поезд G8042, который едет с Северного вокзала Шеньяна. Пассажиров с детьми, пожилых, больных, людей с ограниченными возможностями здоровья, беременных, и военнослужащих на действующей военной службе, просим пройти на посадку через проход для приоритетных пассажиров.	— 从沈阳北站始发的 G8042 次列车准备检票,请老幼病残孕旅客和现役军人旅客,从重点旅客通道优先检票进站。

- Пассажиры с детьми, пожалуйста, при проходе через ворота, возьмите ребёнка на руки или пропустите его впереди себя. Пассажиров, которые перевозят крупногабаритный багаж, просят пройти по широкому проходу.	- 带小孩儿的旅客，请抱起小孩，或者小孩在先，大人在后，快速通过闸机。携带大件行李物品的旅客请从宽通道通过。
- Внимание! Пассажиры поезда G1387, который направляется на Западный вокзал Наньчана временно проходят на выходы 1A или 1B. Пассажиров, следующих на поезде G1387 до Куньмина, просим пройти к выходам 1A или 1B для проверки билетов и последующей посадки на первую платформу.	- 旅客朋友们，开往南昌西方向的 G1387 次列车临时改为 1A、1B 检票口。有乘坐 G1387 次列车去往昆明方向的旅客，请您到 1A、1B 检票口，1 站台上车。

任务三　列车晚点、停运广播

- Обращаем внимание пассажиров, что из-за сильного снегопада поезд G381 задерживается на 45 минут, приносим наши извинения за причиненные неудобства!	- 旅客们朋友们请注意，由于暴雪，G381 次列车晚点 45 分钟，因此给您带来的不便，我们十分抱歉！
- Из-за сильного снегопада поезд в Шанхай сегодня опаздывает. Мы приносим извинения за причиненные неудобства.	- 因大雪天气，今天开往上海方向的列车出现晚点。请您关注显示屏。因此给您带来不便，特向您致歉。
- Дорогие пассажиры, в связи с действующим тайфуном все поезда в Сямэнь, Вэньчжоу отменяются. Если вы уже купили билеты на отмененные поезда, можете подать заявку на возврат билетов с момента объявления информации о приостановке поездов до 30 дней (включительно) после даты поездки.	- 旅客朋友们，受台风影响，前往厦门、温州等地区的动车组列车全部停运。已购买停运列车车票的旅客，可自列车停运信息公布时起至车票乘车日期后 30 日内（含当日）办理退票手续。
- Здравствуйте, дорогие пассажиры! С сожалением обращаем ваше внимание, что сегодняшний поезд G17 будет двигаться только до Южного вокзала Нанкина. Пассажиры, которые едут в Шанхай, свяжитесь с нашими сотрудниками.	- 旅客朋友们，你们好！我们抱歉地通知您，今天的 G17 次列车只运行至南京南站。有继续前往上海方向的旅客，请联系工作人员安排续程。

- Уважаемые пассажиры, обращаем ваше внимание, что из-за шторма поезд C2020 задерживается на 10 минут, приносим свои извинения за причиненные неудобства.	- 亲爱的旅客们，请注意！由于暴雨，C2020次列车将会晚点 10 分钟，很抱歉给您带来不便。
- Дамы и господа, обратите внимние, что из-за сильного ветра, время отправления поезда D305 переносится на 18:20. Просим вас пройти в зал ожидания для дальнейшего уведомления. Если у вас есть какие-либо вопросы, просим обратиться в справочный центр. Спасибо!	- 女士们、先生们请注意，我们很抱歉地通知您，D305 次列车因大风原因，开车时间推迟到 18:20，请您在候车厅等候进一步通知。如您有任何问题，请与服务台联系。谢谢！
- Уважаемые пассажиры, поезд G1271 опаздывает примерно на 34 минуты. Не отходите от места ожидания и обращайте внимание на информационные объявления. Пассажиров, которые планируют поменять или вернуть билеты, приглашаем пройти в кассу для обмена или возврата. Приносим свои искренние извинения, и надеемся на ваше понимание.	- 各位旅客！G1271 次列车晚点，大约晚点 34 分钟。请不要远离候车地点，随时注意车站广播通知。有需要办理改签或退票的旅客请到售票厅办理改签和全额退票手续。因列车晚点给您造成不便，我们向您表示诚挚的歉意，希望您予以谅解。

任务四　站台广播

- Дорогие сотрудники, обращаем ваше внимание, что поезд G1975 маршрута Шанхай Хунцяо - Западный вокзал Чунцин, приближается на станцию. Поезд останавливается на четвёртой платформе, будьте готовы встречать поезд.	- 工作人员请注意，由上海虹桥开往重庆西方向的 G1975 次列车就要进站了，列车停靠在 4 站台，请做好接车准备。
- Дорогие сотрудники, обращаем ваше внимание, что поезд G1234 маршрута Западный вокзал Чанчуня - вокзал Шанхай Хунцяо, переезжает на первую платформу.	- 工作人员请注意，由长春西开往上海虹桥的 G1234 次列车变更进第 1 站台。

— Уважаемые пассажиры, поезд G71 маршрута Западный вокзал Пекина – Южный вокзал Чанша, приближается на станцию. Прошу вас не заходить за белую линию безопасности на платформе, не занимать жёлтое тактильное покрытие. Пассажирам с детьми рекомендуется позаботиться о безопасности ваших детей. Во избежание падения на рельсы не позволяйте детям бегать. После полной остановки поезда, просим сначала пропустить выходящих, а потом входить. — Пассажир в красной одежде, который стоит на краю платформы, немедленно вернитесь в пределы белой линии безопасности! — Уважаемые пассажиры, поезд D1671 скоро прибудет на станцию, поезд остановится на платформе № 7. Номера вагонов указаны синей маркировкой на платформе, ожидайте очереди на посадку согласно им. Для посадки в вагоны 1 и 2 пройдите вперёд состава, для вагонов от третьего до восьмого пройдите, пожалуйста, в конец состава. Позаботьтесь о пожилых пассажирах и детях, обратите внимание на расстояние между поездом и платформой, во избежание падения не смотрите в телефон во время ходьбы на платформе, соблюдайте правила безопасности. — Дорогие пассажиры, не толпитесь и садитесь в поезд по очереди. После посадки, пройдите внутрь вагона, не оставайтесь в дверях, чтобы не мешать другим пассажирам. Спасибо!	— 各位旅客,由北京西开往长沙南的 G71 次列车即将进站。请您站在白色安全线以内等候,请勿占用黄色盲道。带小孩的旅客,请看护好小孩,不要让小孩乱跑,以免掉入轨道,发生危险。列车停稳后,请先下后上。 — 请在站台边缘穿红色衣服的旅客马上回到白色安全线以内! — 旅客朋友们,D1671 次列车即将到达本站,列车停靠 7 站台,请您按地面蓝色车厢标识,排队等候上车。1 车 2 车请往前走,3 至 8 车请往后走。请看护好老人和小孩,上车注意列车和站台的间隙,以免踩空摔伤,在站台行走时请不要看手机,注意安全。 — 各位旅客,请您不要拥挤,按顺序上车。上车后请往车厢里边走,不要在车厢门口停留,以免影响其他旅客。谢谢您的配合。

— Поезд G387, который едет в западном направлении Чунцина, скоро отправляется, просим пассажиров срочно пройти на посадку. Дорогие пассажиры, поезд G387 отправляется с нашей станции, желаю вам приятного путешествия!	— 开往重庆西方向的 G387 次列车就要开车了，还未上车的旅客请上车。旅客朋友们，您就要离开本站了，祝您旅途愉快！
— Поезд отправляется, пассажиров, которые прибыли на станцию, просим держаться подальше от поезда.	— 列车马上就要开车了，请出站的旅客远离列车。
— Уважаемые пассажиры, после снегопада земля скользкая, обратите внимание на свою безопасность, чтобы не поскользнуться и не упасть.	— 各位旅客，雪后地面湿滑，请您注意安全，以免滑倒摔伤。
— Дорогие пассажиры, приветствуем вас! Обратите внимание на безопасность при выходе из поезда, проходите к выходу с платформы в пределах линии безопасности, сначала пропустите выходящих, а потом входите. Если вам нужно пересесть на другой поезд или у вас есть какие-либо вопросы, обращайтесь к сотрудникам вокзала.	— 各位旅客，你们好！下车的旅客请您注意安全，在安全线内行走，先下后上，不要拥挤，需要换乘的旅客请主动联系站台工作人员。
— Пассажиры, через платформу пройдёт поезд без остановки, обратите внимание на вашу безопасность и отойдите от края платформы.	— 即将进站的列车将在本站通过不停车，请注意安全，远离站台边缘。
— Дорогие пассажиры, вы покидаете древний город Сиань, все сотрудники Сианьского вокзала желают вам приятного путешествия и счастливого пути.	— 旅客们，您将要离开古城西安了，西安站全体工作人员祝您旅途愉快，一路平安。

任务五　中转换乘广播

— Транзитных пассажиров просят следовать указателям пересадочных табличек на станциях.	— 需要中转换乘的旅客，请按站内换乘标识指引进行换乘。

— Пассажиры, которым нужно пересесть на другой поезд, предъявите удостоверение личности и билеты на поезд прибытия и пересадки. — Скорое пересадочное обслуживание временно приостановится, транзитных пассажиров просят вернуться на станцию. Приносим извинения за причиненные неудобства. — Вся информация о транзитных поездах отображается на электронном табло в зале ожидания.	— 中转换车的旅客，请出示身份证，以及到站和接续列车的车票。 — 快速中转服务临时停用，请中转的旅客出站后再次进站。给您带来不便，请您谅解。 — 接续列车信息请见候车大厅电子屏。

任务六　出站广播

— Дорогие пассажиры, приготовьте ваши билеты и действующее удостоверение личности и встаньте в очередь для проверки билетов и выхода со станции. Пассажирам с большим багажом рекомендуют пройти через широкий проход. — Чтобы обеспечить надлежащий порядок посадки, пассажиров, которые прибли на станцию, просим срочно покинуть станцию.	— 旅客朋友们，请准备好您的车票或有效身份证件，依次排队验票出站。携带大件行李的旅客请走宽通道。 — 为了保证良好的乘车秩序，请到站的旅客抓紧时间出站。

任务七　应急广播

— Дорогие пассажиры, обращаем ваше внимание на объявление об утерянных вещах. Пассажир, который потерял свой телефон Huawei, подойдите к информационной стойке. — Пассажиров, которые оставили свой багаж, просят подойти к выходу 22В и обратиться к сотрудникам вокзала. — Пассажир Алдыбав, который потерял паспорт, просьба подойти к сотруднику дежурной комнаты для пассажиров и забрать его.	— 旅客朋友们请注意，下面播放一则失物招领。有遗失华为手机的旅客，请及时到服务台认领。 — 有哪位旅客丢失了行李物品，请到22B检票口找工作人员认领。 — 旅客阿尔德巴夫请注意，您丢失了护照，听到广播后，请到客运值班室找工作人员认领。

— Внимание! Потерялся ребёнок! Таня, если ты слышишь это объявление, подойди к информационной стойке, твоя мама ищет тебя. — Госпожа Тлеулесова, которая следует поездом G88, подойдите, пожалуйста, к выходу A5, ваша подруга ждёт вас.	— 下面播放一条寻人启事。塔尼亚小朋友请注意,听到广播后请到服务台,你的妈妈正在找你。 — 乘坐 G88 次列车的特列乌列索娃女士,听到广播后,请到 A5 检票口,您的朋友正在等您。

Комментарии 语法注释

1. в случае чего 在……情况下

①В случае аварийной ситуации, разбейте молотком окно аварийного выхода.

紧急情况下,请用应急锤敲打紧急逃生窗。

②В случае необходимости, нажмите кнопку экстренного вызова.

如有需要,请按紧急呼叫按钮。

③В случае задержки поезда, надо сообщать пассажирам объявление.

列车延误时,应该广播通知乘客。

2. в целях чего 为了……

①В целях обеспечения безопасности пассажиров, нельзя вносить легковоспламеняющиеся и взрывчатые вещества в поезд.

为了确保乘客的安全,易燃易爆物品不能带上火车。

②В целях защиты окружающей среды, всё больше людей предпочитают ездить на общественном транспорте.

为了保护环境,越来越多的人选择乘坐公共交通工具。

③В целях повышения безопасности движения поездов, сотрудники проводят регулярное обслуживание железнодорожных путей.

为了提高列车的安全性,工作人员定期对铁轨进行维护。

3. в связи с чем 因为,由于

①В связи с праздником, расписание движения поездов будет изменяться.

由于节假日,列车时刻表将发生变化。

②В связи с плохой погодой, некоторые поезда будут отменяться или задерживаться.

由于天气条件恶劣,一些列车可能会取消或延误。

③В связи с наступлением сезона массовых новогодних пассажироперевозок, сильно повышается пассажиропоток на вокзале.

由于春运的到来,火车站客流量大幅增加。

4. перенестись на что 转到,转向

①Из-за непогоды отправление поезда переносится на более позднее время.
由于恶劣天气,列车发车时间推迟了。

②Собрание по безопасности на железной дороге переносится на следующую неделю.
铁路安全会议推迟到下周。

③Его смена переносится на следующую неделю.
他的值班时间改到了下周。

5. надеяться на что 希望,指望

注意,надеяться 所接的补语从句用连接词 что,而不用 чтобы。例如:

①Я надеюсь на вашу помощь.
我希望得到您的帮助。

②Надеюсь доехать до вокзала вовремя.
我希望按时到车站。

③Надеюсь, что завтра будет хорошая погода.
希望明天是个好天气。

6. приблизиться к кому-чему(时间)快到;接近

①Время отправления поезда приближается, пассажиры готовятся к посадке.
火车即将发车,乘客们正在准备上车。

②Праздник Весны приближается, и число пассажиров в поездах увеличивается.
春节临近,火车上的乘客越来越多。

③Диспетчер сообщил, что приближается поезд, и попросил сотрудников занять свои места.
调度员宣布列车即将到达,请工作人员就位。

④Поезд приближается к станции, и пассажиры готовятся к выходу.
火车快要到站了,乘客们正准备下车。

7. во избежание чего 为了避免……

①Во избежание опоздания, рекомендуем всем пассажирам приехать на вокзал за 30 минут до отправления поезда.
为避免迟到,我们建议所有乘客在列车出发前30分钟到达车站。

②Во избежание опасных ситуаций, не заходите за белую линию безопасности на платформе.
为避免意外,请不要越过站台上的白色安全线内。

③Во избежание ошибок, тщательно проверяйте свои билеты перед поездкой.
为避免出错,请在乘车前仔细检查车票。

8. переходить/перейти 转到;走过,通过

①Перейдёте улицу и сядете на автобус №702, так можно доехать до центра города.

您穿过街道,乘坐702路公交车就能到市中心。

②Ему нужно перейти на платформу №3 для пересадки на следующий поезд.

他需要转到3站台换乘接续列车。

③Рабочие переходят через пути, чтобы осмотреть состояние рельсов.

工人穿过铁轨检查轨道状况。

9. (ходить) в чём 穿,戴

①Сейчас на улице идёт снег, все ходят в шапках.

外面现在下雪,每个人都戴上了帽子。

②Лето наступает, девушки ходят в красивых платьях.

夏天就要来了,女孩们都穿上了漂亮的裙子。

③Завтра будет официальная беседа, все приходят в костюмах.

明天有个正式会谈,所有人都会穿西装。

10. ехать на поезде
ехать поездом 乘坐火车

乘坐某种交通工具可以用 на 接第六格,或者直接用交通工具名词第五格来表示。例如:

①На автобусе можно доехать до Великой Китайской стены.

您可以乘坐公共汽车去长城。

②Как вы хотите туда добраться? Пешком или автобусом?

您想怎么去?步行还是坐公交车?

③Мне нравится возвращаться в родной город поездом.

我喜欢坐火车回老家。

Упражнения 练习

Упражнение 1. Переведите следующие словосочетания. 翻译下列词组。

春运_____

出发层_____

白色安全线_____

穿蓝色衣服的旅客_____

请勿占用盲道_____

站台边缘_____

换乘标识_____

先下后上_____

良好的乘车秩序_____

快速中转服务_____

Часть 4　Служба объявления　▶ 模块四　广播服务　■　167

Упражнение 2. Вставьте 《 в случае 》, 《 в целях 》, 《 в связи с 》 в пробелы. 使用《在...情况下》,《为了》,《由于》填空。

（1）_____ плохой погоды поезд может задержаться.
（2）_____ повышения безопасности на вокзале имеются камеры видеонаблюдения.
（3）_____ улучшения обслуживания, на вокзале используются новые технологии.
（4）_____ изменением расписания, поезд отправится позже.
（5）_____ своевременного прибытия на вокзал, нам придётся поехать на такси.

Упражнение 3. Измените слова или словосочетания в скобках в нужной форме с предлогами или без предлогов. 将括号中的单词或词组变为适当的形式, 如有需要, 请加上适当的前置词。

（1）Девушка _____ (красный костюм), вернитесь в пределы белой линии безопасности.
（2）Не позволяйте _____ (ваш мальчик) залезать на забор, это опасно.
（3）Ваш поезд прибывает _____ (платформа) № 3.
（4）Во избежание _____ (пробки) в дороге, он всегда приходит на работу на полчаса раньше.
（5）Поезд приближается к _____ (конечная станция), и пассажиры готовятся к выходу.

Упражнение 4. Вставьте 《 который 》 в нужной форме. 用 который 的适当形式填空。

（1）Вы увидели мою сумку, _____ лежала здесь.
（2）Я поеду на вокзал, _____ построили в прошлом году.
（3）Рядом с вокзалом метро, _____ работает её младшая сестра.
（4）В зале ожидания много магазинов, _____ мы долго гуляли.
（5）Вот молодой человек, _____ я обратился за помощью в поездке.

Упражнение 5. Переведите следующие предложения на китайский язык. 请将下列句子翻译成汉语。

（1）Просим пассажиров, которые отправляются в Пекин, встать в очередь на посадку у выхода номер 22В для контроля билетов.

_____

（2）Пассажиры с действующими удостоверениями личности могут пройти на станцию через автоматические турникеты.

_____

（3）Пассажиры поезда G58, которые едут на Западный вокзал Пекина, просим пройти на выходы 5А и 5В для проверки билетов.

_____

（4）Уважаемые пассажиры, обращаем ваше внимание, что из-за снегопада поезд G381 задержится на 10 минут, приносим свои извинения за причиненные неудобства.

（5）Пассажирам с детьми рекомендуем позаботиться о безопасности ваших детей. Во избежания падения на рельсы не позволяйте детям бегать. Выход и посадка разрешены только после полной остановки поезда.

（6）Дорогие пассажиры, после посадки, пройдите внутрь вагона, не оставайтесь в дверях, чтобы не мешать другим пассажирам. Спасибо!

Упражнение 6. Переведите следующие предложения на русский язык. 请将下列句子翻译成俄语。

（1）为了提高服务质量，公司对员工进行了培训。

（2）严禁携带易燃、易爆、有毒物品进站！

（3）请将所有行李物品和拎包过机检查。

（4）由太原南开往成都东方向的 D1903 次列车即将停止检票，请还未上车的旅客抓紧时间上车。

（5）旅客朋友们，你们好！受台风影响，前往福建地区的动车组列车全部停运。

（6）列车即将进站，请您站在白色安全线以内等候。

Управление 7. Запишите аудио для каждой из следующих ситуаций. 请结合以下工作场景，分别录制一段车站广播。

Чтение 拓展阅读

Система информирования на железнодорожном вокзале

Система железнодорожного информирования является основным источником информации для пассажиров во время поездки. Она также служит важным средством передачи информации на вокзалах и в поездах. В зависимости от места вещания систему можно разделить на две составляющие: информирование на вокзале и информирование в поезде. Рассмотрим более подробно систему железнодорожного информирования на вокзале. По содержанию информацию можно разделить на две категории: регулярную и экстренную.

Система информирования на вокзале предоставляет пассажирам актуальную информацию о прибытии, отправлении, остановках и времени остановок поездов, а также о графике движения поездов в режиме реального времени. Это позволяет пассажирам быть в курсе расписания и избегать ошибок при выборе поезда или опоздания на него. Кроме того, система информирования помогает пассажирам ориентироваться на вокзале, направляя их к нужной платформе, входу на посадку, выходу, залу ожидания и другим зонам. Система информирования также предупреждает пассажиров о мерах безопасности, напоминая им о необходимости быть внимательными, запрещает переход через железнодорожные пути, курение на вокзале и другие действия, которые могут представлять опасность. Система информирования поддерживает многоязычное вещание, что делает её доступной для пассажиров из разных стран.

Кроме того, система оповещения может быть использована для передачи сообщений о чрезвычайных ситуациях. В случае возникновения проблем со здоровьем у пассажиров, сотрудники незамедлительно обращаются за медицинской помощью через систему оповещения. В экстренных сообщениях также может содержаться информация о пропавших людях, утерянных вещах, напоминания о неблагоприятных погодных условиях и другая полезная информация.

Служба информирования пассажиров на вокзале играет ключевую роль в обеспечении безопасности и комфорта пассажиров, а также в эффективной организации работы вокзала. Она является неотъемлемой частью деятельности вокзала и обеспечивает своевременное и точное информирование пассажиров.

Ответьте на вопросы по статье. 根据文章内容回答问题。

（1）На какие две категории можно разделить железнодорожное информирование по месту предоставления информации?

（2）На какие две категории можно разделить железнодорожное информирование по содержанию информации?

（3）Какую информацию может предоставлять система информирования на вокзале?

（4）Что включает в себя экстренное информационное вещание?

车站广播服务

铁路的广播系统是乘客们在日常出行过程中获取信息的主要渠道，也是车站、列车向乘客传达各类信息的重要方式。从广播的地点来看，我们可以把铁路广播分为两大类：车站广播和列车广播。今天我们一起来了解一下车站的广播。根据车站广播的内容，又可分为常规信息广播和紧急信息广播两大类。

车站广播系统可以根据列车的实时运行信息，为旅客提供准确的到站、离站、停靠站等信息，方便旅客及时掌握列车运行情况，避免误乘或耽误行程。车站广播系统可以对旅客进行引导，包括引导旅客前往正确的站台、上下车口、候车室等。车站广播系统还可以进行安全警示，包括提醒旅客注意安全、禁止穿越铁路、禁止在车站内吸烟等。车站广播系统还可以支持多种语言播报，方便国内外旅客的使用和体验。

除此之外，广播系统有时还会进行紧急信息广播。如遇旅客突发疾病，现场作业人员会及时通过广播进行寻医。紧急信息广播还有寻人启事、寻物启事、失物招领、恶劣天气提醒等内容。

车站的广播服务，能有效地向旅客们传递各类信息，为旅客的出行提供了保障，也保障了车站各项工作能够高效和有序地进行，是车站工作中不可或缺的重要组成部分。

Проект 2　Объявление в поездах

项目二　列 车 广 播

学习目标

◎ 知识目标

(1)掌握列车通告的广播词汇。
(2)掌握列车通告的广播内容和句式。
(3)理解短文内容并掌握文中的单词和短语。

◎ 能力目标

(1)能够广播列车始发及到站等信息。
(2)能够广播介绍车站的服务项目、设施及相关铁路法规。
(3)能够进行其他应急广播。

◎ 素质目标

(1)具备良好的语言组织能力和表达能力。
(2)具备较强的服务意识。
(3)主动关心、关爱旅客,具有良好的职业素养。

Разминка 热身

Сопоставьте картинки со словами. 给下面的词语选择对应的图片。

А

Б

В

Г

Д

Г

1. зарядка 充电器
2. планшет 平板电脑
3. термос 保温杯
4. солнцезащитный спрей 防晒喷雾
5. духи 香水
6. дымовая сигнализация 烟雾报警器

Слова и выражения 常用词汇

прислоняться/прислониться（к кому-чему）
靠在……上，倚靠
управляемый（кем-чем） 由……操纵，由……驾驶
персонал 工作人员
вынимать/вынуть 拿出，取出
зонтик 雨伞
боковой 侧面的

боковые карманы 侧兜
моторвагон 动车组
устройство 装置，设备
за исключением（кого-чего） 除……之外
мощный 大功率的；有劲的
электроприбор 电器设备，电气仪表
наливать/налить 倒入，斟入
ёмкость 容量，电容

переливать/перелить 倒得(斟得)过满
ожог 烧伤,烫伤
плотно 紧紧地,密实地,严严实实地
надежно 可靠地
травмирование 受伤,外伤
своевременно 及时地
связываться/связаться（с кем-чем）同……联系
загрязнять/загрязнить 污染,弄脏
окружающая среда 环境
дымовой 冒烟的,烟雾的
приводить/привести（к кому-чему）导致
угрожать 威吓,威胁
общественный 公共的,社会的
полагаться [未]（第一、二人称不用）应当
штраф 罚款
духи 香水
спрей 喷雾器
 солнцезащитный 防晒的,遮阳的
 солнцезащитный крем 防晒霜
 солнцезащитный спрей 防晒喷雾
лак для волос 发胶
распылитель 喷雾器
пожарный 火警的,消防的
средство 设备,方法
поддержание 保持,维持
благоприятный 适宜的,有利的
обстановка 情况,形势
планшет 平板
бережно 小心地,爱护地
опереться/опираться（на кого-что）倚靠
повреждать/повредить 弄坏,损坏
аккаунт 账号
 официальный аккаунт 官方账号

залезать/залезть 爬上
трясти [未] 摇晃,晃动
регулировка 调整
опрокидывание 翻倒,倾倒
департамент 部,司
сканирование 扫描
повышать/повысить 升高,提高
 повысить класс 升舱
приобретать/приобрести 获得,得到
фастфуд 快餐
середина 中部
следить（за кем-чем）[未] 注视,观察,看护
древность 古时,古代
гуманитарный 人文的
наследие （思想、文化等的）遗产
множество 大量,许多
насчитываться 共有,共计
либо [连] 或是,或者
расти/вырасти 长高,长大
вносить/внести 计入,列入
вклад 贡献
эволюция 演化,进化
нация 国家,民族
благодаря（кому-чему）多亏
многовековой 许多世纪以来的
естественный 自然的,天然的
памятник 纪念碑;（复数）文物
редкий 少有的,稀有的
сокровище （常用复数）珍宝
уникальный 独特的
чудо 奇迹
свет 光;灯光;世间
 чудо света 世界奇迹
руина （复数）遗址,废墟

стела 石碑，石柱
мавзолей 陵墓
травма 创伤，损伤
превращать/превратить 变为
незнакомец 陌生人

знакомый 认识的，熟人
искренний 真诚的
землетрясение 地震
отказываться/отказаться（от кого-чего） 拒绝，不接受

Текст объявления 常用广播词

任务一　发车广播

— После посадки в поезд, пройдите внутрь вагона и не стойте у дверей.
— Двери закрываются. Не прислоняйтесь к дверям и обратите внимание на безопасность.
— Дамы и господа! Добро пожаловать в поезд, управляемый Пекинским железнодорожным управлением. От имени всего персонала я хотел бы поприветствовать вас и пожелать вам приятного путешествия.
— После посадки просим вас внимательно проверить информацию в билете и занять своё место.
— Положите большие чемоданы на полки для крупногабаритного багажа. Вынимайте бутылки для воды, зонтики и другие предметы из боковых карманов рюкзаков на багажных полках, чтобы они не упали и не ушибли пассажиров.

— 上车后的旅客请往车厢里面走，不要停留在车门口。
— 车门即将关闭，请勿依靠车门，注意安全。
— 女士们，先生们！欢迎您乘坐北京铁路局担当的列车。我代表全体工作人员向您问好，祝您旅行愉快。

— 请您上车后仔细核对自己的乘车信息，对号入座。

— 较大物品请放在大件行李处。行李架上背包侧兜的水杯、雨伞等物品请取出，避免滑落，砸伤旅客。

任务二　途中广播

— Дамы и господа! Добро пожаловать в моторвагон Сианьского управления Китайской железной дороги. Следующая станция Чжэнчжоу. Курение в этом поезде запрещено, спасибо за сотрудничество.

— 女士们，先生们！欢迎乘坐中国铁路西安局集团动车组列车，列车前方停车站是郑州站。本次列车全列禁止吸烟，感谢您的配合。

— Для общей безопасности, запрещается провозить в поезде легковоспламеняющиеся и взрывоопасные вещества. Курение в поезде запрещено. Не трогайте и не нажимайте красные кнопки и устройства в поезде за исключением кулера, и не используйте мощные электроприборы в розетках. Когда вы наливаете кипяток, держите ёмкость для воды ровно, не переливайте. Во избежание ожогов плотно закрутите крышку бутылки. При размещении багажа убедитесь, что багаж размещён надёжно, во избежание травмирования других пассажиров.

— Обращайте внимание на безопасность при использовании розетки. При зарядке телефона не отходите от него. Если вы обнаружили какую-либо экстренную ситуацию, своевременно свяжитесь с персоналом поезда. Желаем вам счастливого пути!

— В этом поезде запрещено курение. Курение не только загрязняет окружающую среду, но и вызывает срабатывание дымовой сигнализации, что приводит к аварийной остановке поезда и угрожает общественной безопасности. Согласно « Правилам управления безопасностью на железной дороге », за нарушение полагается штраф от 500 юаней до 2000 юаней.

— Дорогие пассажиры, в целях обеспечения безопасности движения моторвагонов, в туалете запрещено использовать духи, солнцезащитные спреи, лаки для волос и другие распылители, во избежание срабатывания пожарной сигнализации, которая влияет на движение поездов.

— 为了您和他人的乘车安全，请不要携带易燃易爆危险物品上车，不要在列车任何区域内吸烟，不要触摸按动列车上除电茶炉外的任何红色按钮和装置，不要在电源插座上使用大功率电器。取开水时不要接得过满，并扶好走稳。请将杯盖拧紧，放置稳妥，防止烫伤。放置行李时请确认放置稳妥，以防砸伤他人。

— 您在使用电源插座时请注意安全。手机充电时请不要远离，发现异常情况，请及时与列车工作人员联系，祝您旅行愉快！

— 本次列车为全列无烟列车，请勿在列车任何部位吸烟。吸烟不仅污染环境，也会触动烟雾报警器报警，引发紧急停车，危及公共安全。根据《铁路安全管理条例》规定，对违者处500元以上、2000元以下的罚款。

— 旅客朋友，为确保动车组列车行车安全，动车组列车全列禁烟，请旅客们不要在任何区域内吸烟，也不要在卫生间内使用香水、防晒喷雾、发胶等物品，以免引起烟感报警，影响列车运行。

- Во время движения поезда не прислоняйтесь к дверям и не трогайте средства безопасности с красной маркировкой в вагоне.	- 列车运行中请您不要倚靠车门，不要随意触碰车厢内带有红色标记的安全设施。
- В целях поддержания благоприятной обстановки в поезде, соблюдайте тишину при использовании телефонов, планшетов, компьютеров и других электронных устройств.	- 为了保持良好的旅行环境，请您在使用手机、平板、电脑等电子产品时，避免打扰其他休息的旅客。
- Бережно относитесь к оборудованию в вагонах, не ставьте ноги на спинку передних сидений или стену вагона, не ставьте тяжёлые вещи на столиках и не опирайтесь на них, чтобы не повредить оборудование.	- 请爱护车厢内的设备，不要将脚踩在前排座椅靠背或车厢壁板上，不要将沉重的东西放在座椅背后的小桌板上面或趴在上面休息，以免损坏设备。
- Если вам нужна помощь, обратитесь к сервисной инструкции или к проводникам. Узнать больше информации о железнодорожных поездках вы можете на официальном аккаунте Железной дороги Чэнду 12306 в WeChat, желаем вам приятного путешествия.	- 如需帮助，可查阅服务指南或咨询乘务人员。了解更多铁路出行资讯，请关注成都铁路 12306 官方微信公众号，祝您旅途愉快。
- Если вы не успели купить билет до посадки или нужно продлить вашу поездку, пройдите в вагон номер 5 для оформления билета.	- 如果您上车前没来得及购买车票或需要办理延长的旅客，请到 5 号车厢办理补票手续。
- При использовании телефонов или других электронных устройств, а также при разговоре друг с другом не шумите, чтобы не мешать другим пассажирам.	- 您在使用手机等电子设备及相互交谈时，请勿大声喧哗，避免打扰其他旅客。
- Уважаемые родители, во избежание опасности, не разрешайте детям бегать по вагону, залезать на сиденья, держаться за двери или трогать кулер с горячей водой в вагонах.	- 各位家长，请勿让儿童在车厢内奔跑打闹、攀爬座椅、手扶门缝、触碰电茶炉，以免发生意外伤害。

— Грузоподъёмность столиков ограничена, поэтому не ставьте на них тяжёлые вещи. Обратите внимание на горячие напитки на столиках, чтобы сидящие впереди пассажиры не трясли сидения при регулировке, что может привести к опрокидыванию и ожогам.	— 小桌板承重有限，沉重的东西请不要放在上面。放在小桌板上的高温饮品等请注意安全，防止前排旅客调整座椅时晃动，引起倾倒，造成烫伤。
— Дамы и господа! В целях дальнейшего улучшения обслуживания пассажиров в пути, железнодорожный департамент в этом поезде запустил услугу QR-код доступа к железной дороге. При сканировании QR-кода на подлокотнике сиденья вы можете узнать информацию о движении поезда, купить продукты, оформить билет, повысить класс и др.	— 女士们，先生们！为进一步提升旅客在途服务体验，铁路部门在本次列车推出了铁路畅行扫码服务。您扫描座椅扶手上的二维码，可以查询列车运行信息，畅想餐饮选购、补票升级等服务。
— Китайская железная дорога использует реальные имена при посадке пасажиров, сотрудники поезда будут приходить в вагоны для проверки билетов. Просим вас заранее подготовить свои билеты, а также действующее удостоверение личности, используемое при покупке билетов.	— 铁路目前实行实名制乘车，列车工作人员将到车厢进行车票查验。请您提前准备好车票，以及在购票时所使用的有效身份证件。
— Дамы и господа! Вы можете приобрести фастфуд, закуски и напитки в вагоне-ресторане в середине поезда. Вы также можете сделать заказ сотруднику поезда и мы доставим еду на место по вашей просьбе.	— 女士们，先生们！现在是就餐时间，欢迎您到列车中部的餐车选购营养快餐及休闲食品、饮品。您也可在座位上通过工作人员进行预定，我们将按您的要求将餐食送到座位上。
— Сейчас временная остановка поезда, просим вас занять свои места, пассажиры с детьми, следите за своими детьми в целях безопасности.	— 列车现在是临时停车，请各位旅客尽量减少在车内行走，带儿童旅行的旅客请看护好您的孩子，注意安全。
— Остановка кратковременная, просим не выходить из поезда, если вы ещё не прибыли на нужную вам станцию.	— 列车中途停靠时间较短，未到站的旅客请不要下车。

任务三 到站广播

— Дорогие пассажиры! Поезд прибудет в нашу древнюю столицу Сиань. Сиань, столица провинции Шэньси, известная в древности как Чанъань, Западная столица, Сицзин, город Дасин, город Фэнюань и т. д. Древняя столица Сиань является столицей с наибольшим количеством династий и самой длинной историей в истории Китая, имеет богатое гуманитарное наследие и множество талантов. Только в "Двадцати пяти династических историях" и других исторических книгах насчитывается более 1000 человек. Они либо родились и выросли здесь, либо жили здесь долгое время, но все они внесли огромный вклад в развитие и эволюцию китайской нации. Благодаря своей многовековой истории и культуре Сиань называется "музеем естественной истории". В Сиане насчитывается 314 ключевых памятников, многие из них являются редкими сокровищами, уникальными в Китае и редкими в мире. Терракотовая армия известна как "восьмое чудо света", а руины города Чанъань, Большая пагода диких гусей, Сианьский музей лес стел, мавзолей Жёлтого императора, мавзолей Маолини, храм Фамэнь и другие достопримечательности Сианя знамениты и в Китае и за рубежом. Древний и современный Сиань приветствует вас!

— 旅客朋友，列车前方将要到达我们的古都西安市了。西安，陕西省省会城市，古称长安，又称西都、西京、大兴城、奉元城等，是中国历史上建都朝代最多，历史最久的城市。古都西安历史悠久，人文荟萃，英才辈出。仅名列"二十五史"和其他史书中的人物就有一千多人。他们或是土生土长，或是长期生活在这里，但都创造了光辉业绩，对中华民族的发展、演进做出巨大的贡献。悠久的历史文化积淀，使西安享有"天然历史博物馆"之誉。境内有重点文物保护单位314处，许多文物是国内仅有，世界罕见的稀世珍宝。秦始皇兵马俑坑被誉为"世界第八大奇迹"，汉长安城遗址、大雁塔、西安碑林以及西安旅游区内的黄帝陵、汉茂陵、法门寺等景点驰名中外，自然景观资源与人文景观相互交融。古老而现代的西安欢迎您的到来！

— Поезд скоро прибудет на конечную станцию, внимательно проверьте наличие вашего билета, удостоверения личности, мобильника, зарядки, ноутбука, бутылки для воды и других личных вещей. Заранее возьмите багаж с багажных полок, чтобы не забыть его в поезде. При выходе из поезда, обратите внимание на расстояние между платформой и поездом. Пассажиров с детьми, просим вас крепко держать своих детей во избежание травм. Дамы и господа! Во время нашего совместного путешествия, судьба превратила нас из незнакомцев в знакомых и помогла нам понять друг друга. Короткое путешествие подходит к концу, мы желаем всем нашим друзьям всего наилучшего и счастья. Будем рады видеть вас снова на поздах Сианьского управления Китайской железной дороги!

— Дамы и господа! Поезд прибывает на станцию Яньань. Перед выходом из поезда, отрегулируйте спинку вашего сиденья и уберите столик. Обратите внимание на безопасность при выходе из поезда. Спасибо за заботу и поддержку во время пути, до следующей встречи!

— Просим пассажиров выходить из поезда через переднюю дверь в направлении движения поезда.

—列车前方就要到达本次列车的终点站了,请您仔细检查自己的车票、身份证、手机、充电器、笔记本电脑、水杯等随身携带的物品是否整理妥当。放置在大件行李处的行李请提前拿取,以免遗忘在列车上。下车时,请注意站台与列车的间隙,带小孩的旅客请拉紧小朋友,防止发生意外。女士们,先生们! 当我们共同经历了旅途时光,是缘分让我们从陌生到彼此熟悉,相互理解。短暂的旅途生活就要结束了,在分别之际,我们祝福所有的朋友一切顺利,快乐如意。欢迎您再次光临中国铁路西安局集团有限公司担当的动车组列车,让我们下次旅行再会!

—女士们、先生们! 列车即将到达延安站,下车前请调整座椅靠背,收起小桌板。下车时请注意安全,感谢您一路上给予的关心和支持,下次旅行再会。

—下车的旅客,请从列车运行方向的前部车门下车。

任务四　应急广播

— Внимание всем пассажирам! Пассажиру в вагоне № 3 внезапно стало плохо, если вы медицинский работник, пожалуйста пройдите в вагон 3 для оказания медицинской помощи. Экипаж поезда выражает вам искреннюю благодарность!

—各位旅客请注意! 3 号车厢有位旅客突发疾病,哪位旅客是医务工作人员,请速到3号车厢协助诊治。在此,动车组乘务人员向您表示衷心的感谢!

– Пассажир, который оставил телефон в туалете, просим забрать его в вагоне 5. – Здравствуйте, дамы и господа! Из-за землетрясения поезд останавливается, время задержки поезда не определяется. Пассажирам, которые желают выйти на Южном вокзале Фучжоу и отказываются от дальнейшей поездки, просим связаться с сотрудниками поезда. – Мы приносим извинения за задержку поезда! Мы приготовили вам бесплатную еду, сотрудники поезда доставят её на ваше место в порядке очереди, пожалуйста подождите. – Дамы и господа! Это начальник поезда G3452. Из-за метели поезд опаздывает примерно на 110 минут, надеемся на ваше понимание.	– 有哪位旅客将手机遗失在卫生间，请到5号车厢认领。 – 女士们、先生们，你们好！因地震原因，本次列车晚点时间待定。有需要在福州南站下车放弃旅行的旅客请与工作人员取得联系。 – 由于列车晚点延误了您的旅行，我们深表歉意！现在为大家准备了免费食品，工作人员将按顺序送餐到位，请您稍加等候。 – 女士们，先生们！这是 G3452 次列车长。受暴雪天气影响，列车现在大约晚点 110 分钟，请您谅解。

Комментарии 语法注释

1. от имени кого-чего 以……的名义

（1）Позвольте мне от имени начальника поезда принести извинения за задержку.
请允许我代表列车长对列车延误表示歉意。

（2）Разрешите мне от имени всех пассажиров поблагодарить вас за медицинскую помощь.
请允许我代表所有乘客感谢您的医疗救助。

（3）Я от имени всех сотрудников вокзала приветствую вас.
我代表车站全体工作人员欢迎您的到来。

2. избежать/избегать кого-чего 避免, 回避

（1）Чтобы избежать опозданий, мы поедем на вокзал заранее.
为了避免迟到，我们会提前去火车站。

（2）Избегайте громких разговоров в вагоне для комфортного путешествия всех пассажиров.
不要在车厢内大声交谈，以便让所有乘客都有一个舒适的旅程。

（3）Чтобы избежать длиных очередей, достаньте жидкость заранее.
为了避免排长队，请提前取出液体。

3. 不定代词和不定副词

不定代词和不定副词分别由疑问代词和疑问副词加-то，-нибудь（-либо），кое-构成，例如：кто-то，куда-то，какой-нибудь，откуда-нибудь，кое-что，кое-где 等。

（1）带-нибудь（-либо）的不定代词和不定副词

表示说话人不能肯定的或说话人自己也不知道是否存在的人、物、特征、属性等，意思是"任何……""随便……""无论……"。带-либо 的不定代词和不定副词与带-нибудь 的不定代词和不定副词意义相同，前者更多用于书面语中。例如：

①Купите что-нибудь на ужин.

买点儿东西吃。

②У вас есть какие-нибудь вопросы?

您有什么问题吗？

③Если вы о чём-нибудь хотите спросить меня, позвоните мне.

如果您有什么想问的，请给我打电话。

（2）带-то 的不定代词和不定副词

表示说话人知道有某人、物、特征、属性等，但却知道得不具体，不确切，无法明确指出，意思是"不知是……""某……"。例如：

①Он ждёт кого-то у входа проверки билетов.

他在检票口等人。

②Чей-то паспорт лежит на стуле.

不知谁的护照放在椅子上。

③Кажется, мы где-то встречались с вами.

我想我在哪里见过你。

（3）带 кое-的不定代词和不定副词

表示说话人确知存在，但因故不明说的人、物、特征、时间和地点，具有"某……""某些……"之意。例如：

①Вчера мы кое-куда ходили.

我们昨天去了个地方。

②Мы познакомились кое с какими иностранными туристами.

我们认识了一些外国游客。

③Кое-кто из пассажиров вышел из вагонов.

一些乘客走出了车厢。

4. оштрафовать 处罚，罚款

①За нарушение правил безопасности его оштрафовали.

他因违反安全规定被处罚。

②Его оштрафовали за безбилетный проезд.

他因无票乘车被罚款。

③Пассажира оштрафовали за курение в вагоне.

一名乘客因在车厢内吸烟被处罚。

5. залезать на что 爬上，登上

①Не залезайте на забор—это опасно.
不要爬上栅栏，这样很危险。
②Дети любят залезать на сиденья.
孩子们喜欢爬到座位上。
③Рабочие залезают на крышу поезда для проверки оборудования.
工人爬上车顶检查设备。

6. привести к чему 导致

①Ваше поведение приведёт к серьёзной проблеме.
您的行为将会导致严重的问题。
②Курение в вагонах приводит к экстренной остановке поезда.
在车厢内吸烟会导致列车紧急停车。
③Землетрясение привело к нарушению сигнала.
地震导致信号中断。

7. прислониться к кому-чему 靠在……上

①Не прислоняйтесь к двери поезда, это опасно!
请不要靠在火车门上，这很危险！
②Пассажир прислонился к окну и смотрел на пейзаж.
乘客靠着窗户看风景。
③Девочка прислонилась к маме и читала книгу.
女孩靠在妈妈身边看书。

8. насчитываться 计算，共有

①В зале ожидания насчитывается около 800 пассажиров.
候车室里大约有 800 名旅客。
②На этом вокзале насчитывается десять платформ.
这个车站有 10 个站台。
③На маршруте этого поезда насчитывается пять остановок.
这趟列车沿途有 5 个停靠站。

9. превратить кого-что в кого-что 把……变为……
 превратиться в кого-что 变为……

①После реконструкции, Сианьский вокзал превратили в современный транспортный узел.
通过改造，西安站成了一个现代化的交通枢纽。
②Здание рядом с вокзалом превратилось в музей железной дороги.
火车站旁边的建筑变成了铁路博物馆。
③Время превратило этот поезд в исторический экспонат.

时间将这列火车变成了历史展品。

Упражнения 练习

Упражнение 1. Переведите следующие словосочетания. 翻译下列词组。

沈阳铁路局_____

收起小桌板_____

铁路安全管理条例_____

带有红色标记的安全设施_____

大功率电器_____

交通枢纽_____

请对号入座_____

官方微信公众号_____

二十五史_____

调整座椅靠背_____

Упражнение 2. Заполните пропуски, используя соответствующую форму «превращать» или «превращаться». 请用 превращать 或 превращаться 的适当形式填空。

（1）С наступлением ночи вокзал _____ в тихое и спокойное место.

（2）Снег _____ этот город в волшебный мир.

（3）Архитектор _____ старый поезд в музейный экспонат.

（4）После ремонта зал ожидания _____ в комфортное пространство для пассажиров.

（5）Художник _____ старый вагон в галерею.

Упражнение 3. Раскройте скобки, употребляя неопределённые местоимения с -то, -нибудь, кое- с предлогами или без предлогов. 用带 -то, -нибудь 或 кое- 的不定代词填空，必要时加入前置词。

（1）Она спрашивает, есть ли _____（что）для чтения?

（2）У тебя есть _____（какой）новая идея для проекта?

（3）Я позвонила _____（кто）из моих друзей.

（4）_____（кто）потерял свой чемодан, и проводник помогает искать его с помощью камер видеонаблюдения.

（5）Он ждёт _____（кто）у входа прохода контроля билетов.

Упражнение 4. Измените слова или словосочетания в скобках в нужной форме с предлогами или без предлогов. 将括号中的单词或词组变为适当的形式，如有需要，请加上适当的前置词。

（1）Разрешите мне от имени _____（все сотрудники）поблагодарить вас за помощь.

（2）Она всегда старается избегать ＿＿＿＿＿＿＿＿＿＿＿（неприятные ситуации）.

（3）Панда любит залезать ＿＿＿＿＿＿（высокие деревья）, чтобы избежать опасности.

（4）Курение этого пассажира в поезде привело ＿＿＿＿＿＿＿＿＿＿＿（замедление движения поезда）.

（5）У него нет места, приходится прислонять ＿＿＿＿＿＿＿＿＿（кресло）для отдыха.

Упражнение 5. Переведите следующие предложения на китайский язык. 请将下列句子翻译成汉语。

（1）Достаньте бутылки для воды, чтобы они не выскользнули и не ушибили других.

_____

（2）Не трогайте и не нажимайте красные кнопки и устройства в поезде.

_____

（3）Курение в вагонах может привести к замедлению движения или даже остановке поезда.

_____

（4）Поезд останавливается на короткое время, просим не выходить из поезда, если вы ещё не прибыли на станцию.

_____

（5）Поезд скоро прибудет на конечную станцию, не забудьте ваши вещи в поезде.

_____

Упражнение 6. Переведите следующие предложения на русский язык. 请将下列句子翻译成俄语。

（1）在车厢内吸烟会导致500到1000元的罚款。

_____

（2）大熊猫喜欢爬上树休息。

_____

（3）暴雨导致高铁信号中断，临时停车。

_____

（4）这个车厢里有75人。

_____

（5）母亲不允许孩子站在座位上。

_____

（6）车门即将关闭，请勿倚靠车门。

_____

Упражнение 7. Попробуйте перевести следующие объявления. 试着翻译以下广播词。

(1)各位旅客,欢迎乘坐本次列车。担任本次列车服务工作的是中国铁路广州局集团有限公司的乘务组。为营造诚实守信、文明乘车的良好氛围,请大家文明就座,不抢座,不霸座,请大家文明乘车。车厢内不要大声喧哗,使用手机等电子产品时尽量降低声音,避免打扰其他旅客,请看管约束好同行儿童,勿让儿童在车厢内奔跑、打闹、攀爬座椅、手扶门缝、碰触电茶炉等,以免发生意外伤害,请不要在动车组列车任何区域内吸烟(含电子烟),请不要损坏车上设施设备。请文明摆放行李,随身物品请放在行李架上,并安放稳妥。较大物品请放在车厢一侧的大件行李处,不要堵塞通道。祝您旅途愉快!

(2)我们这趟列车就要到达终点站了,请您再次检查一下行李架上、衣帽钩上、网袋后面以及大件行李处是否还有您的行李物品,不要遗忘在列车上,感谢您一路上对我们工作的关心理解和支持,欢迎您再次乘坐本次列车,下次旅行再会。

Чтение 拓展阅读

Система информирования в поезде

В предыдущей главе мы рассмотрели функционирование системы оповещения на железнодорожном вокзале. В этой главе мы подробно остановимся на принципах работы системы информирования пассажиров в поезде.

По содержанию информацию также можно разделить на две категории: регулярную и экстренную.

Система информирования пассажиров о движении поездов предоставляет информацию в режиме реального времени. Это позволяет пассажирам быть в курсе ситуации и своевременно реагировать на изменения в расписании. До прибытия поезда на станцию пассажирам будет предоставлена информация о станции назначения и необходимых мерах предосторожности. Это позволит избежать непреднамеренного выхода или пропуска станции. В поезде функционирует система оповещения, которая информирует пассажиров о необходимости подготовиться к выходу, проверить свои вещи и не забыть их в вагоне. Система информирования в поезде также предоставляет пассажирам сведения о мерах безопасности, таких как необходимость соблюдения правил электропожарной безопасности, запрещает курение в вагонах и другие. Это позволяет обеспечить безопасность жизни и имущества пассажиров.

Помимо регулярных информационных сообщений, система информирования пассажиров в поезде также может предоставлять сведения о чрезвычайных ситуациях. К ним относятся экстренные медицинские вызовы, уведомления о пропавших людях, сообщения об утерянном имуществе, информация о найденных предметах и т. д. В случае возникновения чрезвычайных ситуаций, таких как задержки поездов, изменение скорости движения, сложные погодные условия, технические неисправности и т. д., поездная бригада оперативно информирует пассажиров через систему оповещения. Это позволяет пассажирам быть в курсе ситуации и избежать беспокойства, паники и других негативных эмоций.

Предоставление информации на вокзале и в поезде — это важная составляющая системы информирования на железнодорожном транспорте. Она помогает пассажирам и обеспечивает безопасность и эффективность поездок. В будущем система информирования на железнодорожном транспорте будет развиваться и становиться более интеллектуальной и персонализированной. Это позволит предоставлять пассажирам более комфортные и безопасные услуги.

Ответьте на вопросы по статье. 根据文章内容回答问题。

（1）На какие две категории можно разделить информацию, передаваемую в поезде?

（2）Какую информацию может предоставлять пассажирам система информирования в поезде?

（3）Что включает в себя экстренное информирование?

（4）Какую роль, на ваш взгляд, играет система информирования на железнодорожном транспорте?

列车广播服务

在上一节内容中，我们已经认识了铁路的广播系统中的车站广播。今天我们来继续了解列车的广播。

列车广播的内容，我们同样可以分为两大类：常规信息广播和紧急信息广播。

列车广播系统会根据列车的实时运行信息，为乘客播报到站、离站、停靠站、停靠时间、列车运行准点情况等信息，方便乘客及时掌握列车运行情况。在列车到站前的广播中，会告知乘客下车站点的信息和相关注意事项，避免有乘客误下车或者错过下车站点。列车通过广播提示，提醒乘客准备下车、仔细检查自己随身携带物品，不要把它们遗忘在列车上。列车广播系统还可以进行安全警示，包括提醒旅客注意用电安全和防火安全、禁止在车内吸烟等，保障乘客的生命财产安全。

除了常规广播内容之外，列车广播系统也会进行紧急信息广播。广播同样包括进行紧急寻医、寻人启事、寻物启事、失物招领等内容。如列车遇到列车晚点、临时停车、降速、极端天气、故障等应急场景，乘务人员也会及时通过广播系统向乘客传递信息，方便乘客掌握列车运行情况，避免产生焦躁恐慌等不良情绪。

车站广播和列车广播的这些功能，共同构成了整个铁路的广播系统，担当旅客沟通的桥梁，为旅客的出行和列车的安全运营提供了保障。未来，铁路广播系统将更加智能化和个性化，为乘客提供更加便捷、安全、舒适的出行服务。

Приложение 附录

Транскрипция китайских слогов на русский язык
汉俄音译表

A

a—а ai—ай an—ань ang—ан ao—ао

B

ba—ба bai—бай ban—бань bang—бан bao—бао
bei—бэй ben—бэнь beng—бэн bi—би bie—бе
bin—бинь bing—бин bo—бо bu—бу biao—бяо

C

ca—ца cai—цай can—цань cang—цан cao—цао
ce—цэ cen—цэнь ceng—цэн cha—ча chai—чай
chan—чань chang—чан chao—чао che—чэ chen—чэнь
cheng—чэн chi—чи chong—чун chou—чоу chu—чу
chua—чуа chuai—чуай chuan—чуань chuang—чуан chui—чуй
chun—чунь chuo—чо ci—цы cong—цун cou—цоу
cu—цу cuan—цуань cui—цуй cun—цунь cuo—цо

D

da—да dai—дай dan—дань dang—дан dao—дао
de—дэ dei—дэй den—дэнь deng—дэн di—ди
dia—дя dian—дянь diao—дяо die—де ding—дин
diu—дю dong—дун dou—доу du—ду duan—дуань
dui—дуй dun—дунь duo—до

E

e—э ei—эй en—энь eng—эн er—эр

F

fa—фа fan—фань fang—фан fei—фэй fen—фэнь
feng—фэн fiao—фяо fo—фо fou—фоу fu—фу

G

ga—га	gai—гай	gan—гань	gang—ган	gao—гао
ge—гэ	gei—гэй	gen—гэнь	geng—гэн	gong—гун
gou—гоу	gu—гу	gua—гуа	guai—гуай	guan—гуань
guang—гуан	gui—гуй	gun—гунь	guo—го	

H

ha—ха	hai—хай	han—хань	hang—хан	hao—хао
he—хэ	hei—хэй	hen—хэнь	heng—хэн	hong—хун
hou—хоу	hu—ху	hua—хуа	huai—хуай	huan—хуань
huang—хуан	hui—хуй	hun—хунь	huo—хо	

J

ji—цзи	jia—цзя	jian—цзянь	jiang—цзян	jiao—цзяо
jie—цзе	jin—цзинь	jing—цзин	jiong—цзюн	jiu—цзю
ju—цзюй	juan—цзюань	jue—цзюе	jun—цзюнь	

K

ka—ка	kai—кай	kan—кань	kang—кан	kao—као
ke—кэ	kei—кэй	ken—кэнь	keng—кэн	kong—кун
kou—коу	ku—ку	kua—куа	kuai—куай	kuan—куань
kuang—куан	kui—куй	kun—кунь	kuo—ко	

L

la—ла	lai—лай	lan—лань	lang—лан	lao—лао
le—лэ	lei—лэй	leng—лэн	li—ли	lia—ля
lian—лянь	liang—лян	liao—ляо	lie—ле	lin—линь
ling—лин	liu—лю	lo—ло	long—лун	lou—лоу
lu—лу	lü—люй	luan—луань	lüe—люе	lun—лунь
luo—ло				

M

ma—ма	mai—май	man—мань	mang—ман	mao—мао
me—мэ	mei—мэй	men—мэнь	meng—мэн	mi—ми
mian—мянь	miao—мяо	mie—ме	min—минь	ming—мин
miu—мю	mo—мо	mou—моу	mu—му	

N

na—на	nai—най	nan—нань	nang—нан	nao—нао
ne—нэ	nei—нэй	nen—нэнь	neng—нэн	ni—ни
nian—нянь	niang—нян	niao—няо	nie—не	nin—нинь
ning—нин	niu—ню	nong—нун	nou—ноу	nu—ну
nü—нюй	nuan—нуань	nüe—нюе	nuo—но	

O

o—о   ou—оу

P

pa—па	pai—пай	pan—пань	pang—пан	pao—пао
pei—пэй	pen—пэнь	peng—пэн	pi—пи	pian—пянь
piao—пяо	pie—пе	pin—пинь	ping—пин	po—по
pou—поу	pu—пу			

Q

qi—ци	qia—ця	qian—цянь	qiang—цян	qiao—цяо
qie—це	qin—цинь	qing—цин	qiong—цюн	qiu—цю
qu—цюй	quan—цюань	que—цюе	qun—цюнь	

R

ran—жань	rang—жан	rao—жао	re—жэ	ren—жэнь
reng—жэн	ri—жи	rong—жун	rou—жоу	ru—жу
rua—жуа	ruan—жуань	rui—жуй	run—жунь	ruo—жо

S

sa—са	sai—сай	san—сань	sang—сан	sao—сао
se—сэ	sen—сэнь	seng—сэн	sha—ша	shai—шай
shan—шань	shang—шан	shao—шао	she—шэ	shei—шэй
shen—шэнь	sheng—шэн	shi—ши	shou—шоу	shu—шу
shua—шуа	shuai—шуай	shuan—шуань	shuang—шуан	shui—шуй
shun—шунь	shuo—шо	si—сы	song—сун	sou—соу
su—су	suan—суань	sui—суй	sun—сунь	suo—со
shi—ши	shou—шоу	shu—шу	shua—шуа	shuai—шуай
shuan—шуань	shuang—шуан	shui—шуй	shun—шунь	shuo—шо

si—сы   song—сун   sou—соу   su—су   suan—суань
sui—суй   sun—сунь   suo—со

T

ta—та   tai—тай   tan—тань   tang—тан   tao—тао
te—тэ   teng—тэн   ti—ти   tian—тянь   tiao—тяо
tie—те   ting—тин   tong—тун   tou—тоу   tu—ту
tuan—туань   tui—туй   tun—тунь   tuo—то

W

wa—ва   wai—вай   wan—вань   wang—ван   wei—вэй
wen—вэнь   weng—вэн   wo—во   wu—у

X

xi—си   xia—ся   xian—сянь   xiang—сян   xiao—сяо
xie—се   xin—синь   xing—син   xiong—сюн   xiu—сю
xu—сюй   xuan—сюань   xue—сюе   xun—сюнь

Y

ya—я   yan—янь   yang—ян   yao—яо   ye—е
yi—и   yin—инь   ying—ин   yo—ио   yong—юн
you—ю   yu—юй   yuan—юань   yue—юе   yun—юнь

Z

za—цза   zai—цзай   zan—цзань   zang—цзан   zao—цзао
ze—цзэ   zei—цзэй   zen—цзэнь   zeng—цзэн   zha—чжа
zhai—чжай   zhan—чжань   zhang—чжан   zhao—чжао   zhe—чжэ
zhei—чжэй   zhen—чжэнь   zheng—чжэн   zhi—чжи   zhong—чжун
zhou—чжоу   zhu—чжу   zhua—чжуа   zhuai—чжуай   zhuan—чжуань
zhuang—чжуан   zhui—чжуй   zhun—чжунь   zhuo—чжо   zi—цзы
zong—цзун   zou—цзоу   zu—цзу   zuan—цзуань   zui—цзуй
zun—цзунь   zuo—цзо

Новые слова
单词表

А

аварийный 紧急的
аккаунт 账号

Б

багаж 行李
безопасность 安全
бесплатный 免费的
бережно 小心地,爱护地
беременный 怀孕的
бизнес-ланч 商务套餐,工作餐
билет 票
благодарить/поблагодарить 感谢
благополучие 平安,顺利,富裕
благоприятный 适宜的,有利的
ближайший 最近的
блюдо 菜
боковой 侧面的
болеть 患病;疼痛
слабость 虚弱,无力
больной 生病的;病人
брать/взять 点菜;拿,取
бутылка 瓶子
бутылочный 瓶装的

В

вагон-ресторан 餐车
варка 煮
вводить/ввести 领入,带入;输入
ведро 桶
вернуть [完] 归还
вертикальный 垂直的
верхний 穿在外面的;上面的

вещество 物质
видеонаблюдение 视频监视
висеть 悬挂
вклад 贡献
включая 包括
включительно 包含
влиять/повлиять 影响
внедрение 采用
внешность 外貌
внимание 注意
внимательный 周到的,关心的
вносить/внести 计入,列入
военнослужащий 军人
возврат 退还
возле 在……附近,在……旁边
возникать/возникнуть 出现,兴起
возраст 年龄
вокзал 火车站
волноваться/взволноваться 激动,焦虑,慌张
восход 上升,升起
ворота 门,闸门
впереди 在……前面
временный 临时的,暂时的
всего 总计,总共
выбирать/выбрать 选择
выбор 选择
выбрасывать/выбросить 扔掉,弃掉
выглядеть 看样子,显得
вызов 召唤,呼叫
вызывать/вызвать 呼唤,找来
выкурить 把(烟)吸完,抽光
вынимать/вынуть 拿出,取出

выполнять/выполнить 完成
высококвалифицированный 高技能的,高度熟练的
выходящий 下车的人

Г

газировка 汽水
гарантировать 保证
глоток （喝,吃）一口
головокружение 头晕
голубой 淡蓝色的,天蓝色的
готовиться ［未］准备,筹备
градус 度数
громко 大声地
грузоподъёмность 负荷量
гуманитарный 人文的

Д

давление 血压
дальнейший 继续的,进一步的
дальний 远的
двигаться/двинуться 移动
движение 移动,运行
дежурный 值班的,值日的
действительно 的确,确实
делиться （на что）分为……
департамент 部,司
держаться （за кого-что）抓住,握住
динамический 动态的
династия 朝代
диспетчер 调度员
документ 文件,证书,证件
домовый 房子的,住房的
досмотр 检查,检验,安检
доставать/достать 取出
доставка 外卖
доставлять/доставить 把……送到,运到
достаточно （кого-чего）足够

достопримечательность 名胜古迹
доступ 进入……的许可,获得……的可能
древний 古代的
древность 古时,古代
духи 香水
дымовой 出烟的,冒烟的

Е

естественный 自然的,天然的

Ё

ёмкость 容量,电容

Ж

жалоба （на что）抱怨,诉苦
жаловаться/пожаловаться 诉苦,抱怨
жареный 煎的;烤的;炸的
жарка 油炸
жидкость 液体

З

забирать/забрать 拿,取
заботиться/позаботиться 担心,关心
загрязнять/загрязнить 污染,弄脏
зажигалка 打火机
заказывать/заказать 订做,订购
заказ 预定;订单
закат 日落
заблудиться ［完］迷路
забывать/забыть 忘记
задерживаться/задержаться 延误
задний 后面的
закручивать/закрутить 拧紧,扭紧
залезать/залезть 爬上
замечательно 出色地,优秀地
занимать/занять 占用,占据
записывать/записать 记录下来,登记
запись 记录,记载

заполнять/заполнить 填写
запрещаться ［未］被禁止
заранее 提前，预先
заряжать/зарядить 充电
засыпать/заснуть 睡着，熟睡
заходить/зайти 越过（某界限、范围）；走到……后面
здорово 真好，真棒
землетрясение 地震
зарубежный 国外的
зарядка 充电；体操
знак 标志
знакомиться/познакомиться 与……认识
знакомый 认识的，熟人
зона 区域
зонтик 雨伞

И

идентификация 核验，鉴定，识别
избежание 防止，避免
извинение 道歉，原谅
из-за 由于，因为
измерять/измерить 测定，测量
иначе 否则，要不然
инструкция 指令；指南；说明书
искать ［未］寻找
искренний 真诚的
исполняться/исполниться （年龄）满
использоваться （被）使用
истекать/истечь 期满，（时间）到
истечение 到期

К

кабина 室，小屋
казаться 似乎，好像
казахский 哈萨克的
как только 一……，就……
комфорт 方便，舒适

какой-нибудь 什么样的
камера 室，箱，摄像机
карантинный 检疫的
карман 口袋
качество 服务质量
кашель 咳嗽
квадратный метр 平方米
квартал 街区
класс 座席，舱位
класть/положить 放置
кнопка 按钮
колокольня 钟楼
колокол 钟
командировка 出差
компенсация 抵偿，代偿，补偿
консервированный 已装罐的
контролёр 检票员
контроль 检查
край 边，边缘
кратковременный 短时间的，短期的
кресло-коляска 轮椅
крупногабаритный 大尺寸的，大型的
круто ［口］棒极了
крышка 屋顶；盖子
крючок 小钩
кулер 饮水机
курение 吸烟
курить 吸烟
курьер 外卖员
кухня 菜肴，菜系

Л

лагенария 葫芦
левый 左边的
лента 带，带子，带状物
либо ［连］或是，或者
ливень 暴雨
линия 线

лифт 直梯
личный 个人的,私人的
лоток 托盘
любимый 喜欢的
любоваться чем 欣赏
любой 任何的

M

максимум 最多
мавзолей 陵墓
маркировка 标记,标号
машинист （机车等的）司机
медпункт 医务站
меню 菜单
менять/поменять 更换,改变
место （卧车的）铺
металлоискатель 手持金属检测器
мешать/помешать 打扰
многовековой 许多世纪以来的
множество 大量,许多
молоток 锤子
моторвагон 动车组
мощный 大功率的;有劲的
мусор 垃圾
мусорный 垃圾的
мусульманский 穆斯林的

Н

напоминать/напомнить 提醒,使……回忆起
наверх 向上,往上
надежно 可靠地
надлежащий 适当的,规定的,相宜的
надоедать/надоесть ［无人称］使厌烦,使讨厌
нажимать/нажать 按,压
назначение 用途,使命,目的
называться/назваться 被叫作

найти/находить 找到,寻到,捡到
налево 向左
наливать/налить 倒入,斟入
напоминать/напомнить 像……(只用未完成体);提醒,使……回忆起
направление 方向
наследие （思想、文化等的）遗产
наступать/наступить 到来,来临
насчитываться 共有,共计
нация 国家,民族
не только..., но и... 不仅,而且
недалеко 离……不远
нездоровиться 不舒服,有病
незнакомец 陌生人
немедленно 立即
непогода 恶劣天气
нетерпение 不耐烦
неудобство 不方便,不舒适
ниже 低于……
номер 房间
нравиться/понравиться （кому-чему） 使（某人感到）喜欢

О

обнаружение 发现,探测,查出
обратно 回,往回
оборудование 设施,设备
обращать/обратить 把……转向,把(思想、感情等)倾注到
обращаться/обратиться 找……;向……提出
обслуживание 服务
обстановка 情况,形势
общественный 公共的,社会的
объявление 通知,广播
объяснение 解释
обжигаться/обжечься 烧伤,烫伤
ограниченный 有限的,受限的

ожидание 等待
ожидать 等候,等待
ожог 烧伤,烫伤
означать［未］意思是
отходить/отойти（от кого-чего）走开；离开
окружение（周围）环境
омофон 同音异形词
опаздывание 延迟,耽误
опаздывать/опоздать 迟到,晚点
очередь 次序,顺序
опасно 危险地
опереться/опираться（на кого-что）倚靠
оплачиваться［未］支付
оповещение 通知,通告
опрокидывание 翻倒,倾倒
опубликовывать/опубликовать 发布；刊登
освобождать/освободить 给以自由,释放
оставаться/остаться 留下,剩下
основной 主要的
останавливаться/остановиться 停住,站住
отель 酒店
отказываться/отказаться（от кого-чего）拒绝,不接受
отменяться/отмениться 取消,停止,废除
относиться（к кому-чему）［未］属于……之列
отображать/отобразить 表现；反映；显示
отправление 派出,发车
отправлять/отправить 发送
отправляться/отправиться 发车,开车
отсканировать［完］扫描
оформление 办理
оформлять/оформить 办理
ошибка 错误

П

пагода （佛教的）宝塔
падать/упасть 坠落,跌倒

падение 跌落
памятник 纪念碑；(复数)文物
пар 蒸汽
пароль 密码
паспорт 护照
пассажир 旅客
пассажиропоток 客流
пассажироперевозки 旅客运输
переводить/перевести 拨动,转动；翻译
перевозка 托运
передний 前面的
перекрёсток 十字路口
переливать/перелить 倒得(斟得)过满
перепутывать/перепутать 搞错；混淆
пересадка 换乘
пересадочный 换乘的
пересаживаться/пересесть 换乘；换座位
пересечение 交叉点
перечень 目录,清单
перрон 站台
перевозка 运输
персонал 工作人员
петарда 爆竹
пейзаж 风景
пещера 洞穴
пить/выпить 喝下
плакать［未］哭泣
планировать/спланировать 计划
планшет 平板
пластырь 创可贴
платить/заплатить что за что 支付
платформа 站台
плотно 紧紧地,密实地,严严实实地
площадь 面积
поблизости 附近
поведение 行为
повёртываться/повернуться 转身
повреждать/повредить 弄坏,损坏

повышать/повысить 升高,提高
подавать/подать 提出(申请),提交
подверждать/подвердить 确认
подготовлять/подготовить 筹备,预备,准备
подгузник 尿布
поддержание 保持,维持
подниматься/подняться 登上；(日、月、星、云雾等)升起
подождать [完]等一等,等一会儿
подозрительный 可疑的
подсказка 提示,提醒
подходить/подойти 适合
подходящий 适合的
подлокотник 扶手
поезд 火车
пожарный 火警的,消防的
пожилой 上了年纪的人,老人
позволять/позволить (кому-чему) 允许
позади 在……后面
поиск 勘探,寻找
показывать/показать 出示
покидать/покинуть 离开
покурить [完]抽会儿(烟)
поколение 代,辈
полагаться [未](第一、二人称不用)应当
полиция 警察
полка 架子,隔板
положение 状态
полчаса 半小时
помещать/поместить 安顿,放入
помогать/помочь (кому-чему) 帮助
понимание 理解
попадать/попасть 来到,走到
поручень 扶手,栏杆
порядок 秩序
посадка 上车,登机,上船
посещение 参观,访问
поскользнуться [完]滑倒

последний 最晚的,最后的
потерянный 丢失的
потеряться [完]丢失,迷路
потребность 需要
пользоваться/воспользоваться (чем) 使用；享有
потише 安静一些,小声点儿地
правило 规则
превращать/превратить 变为
предел 边界,范围
предлагать/предложить 提议,建议
предложение 建议
предмет 物品,课程
предоставлять/предоставить (кому что) 为……提供……
представляться/представиться (кому) 向……作自我介绍
предъявлять/предъявить 出示,提出
при 在……时(接第六格)
прибор 仪器
прибывать/прибыть 到达,抵达
прибытие 抵达,来到
приводить/привести (к кому-чему) 导致；领到,带到；送来,运来
приготавливать/приготовить 烧好(饭菜)；准备好
приготовление 制作
приём 服用；接待
приложение 应用程序,App
примерно 大约
приносить/принести 带来,拿来,送来
приобретать/приобрести 获得,得到
приоритетный 优先的
приостанавливаться/приостановиться 暂停,中止
прислоняться/прислониться (к кому-чему) 靠在……上,倚靠
присматривать/присмотреть (за кем-чем)

照顾,照看
присмотр 照顾,照管
пристегивать/пристегнуть 扣在……上,扣住
приходиться/прийтись ［无人称］(кому,接不定式) 不得不,只能
пробовать/попробовать 试验,试图,品尝
пробки 拥堵
пробыть ［完］停留
проверка 检查
проверять/проверить 检查,核对
проводник 列车员
провожать/проводить 送别
провожающий 送行的人
провозить/провезти 携带;运送
провоз 运输,运送
проголодаться ［完］饿,饥饿
продавать/продать 售卖
продлевать/продлить 延长,延期
продолжать/продолжить 继续
проезд 通行,通过
проливать/пролить 洒出,洒掉
проносить/пронести 携带
пропускать/пропустить 放……通过,使通过
просторный 宽敞的
пространство 空间
проход 通道
проходить/пройти 通过
прохождение 进行,运行,通过
процедура 程序
прощаться/проститься 告别
прыгать/прыгнуть 跳跃
прямо 径直
пустяк 小事,琐事
путешествие 旅行

Р

разводить/развести 拉开,分来

раздел 部,章,节,界
размер 尺寸
размещать/разместить 布置好,摆好
разрабатывать/разработать 研究,仔细制定
разрешать/разрешить (кому-чему) 准许
распечатать ［完］打印
распылитель 喷雾器
рассказывать/рассказать 讲述
расстояние 距离,间距
расти/вырасти 长高,长大
рация 对讲机
региональный 区域的
регистрация 注册,登记,检票,登机
регистрировать/зарегистрировать 注册
регулировать/отрегулировать 调整
регулировка 调整
редкий 少有的,稀有的
резервный 后备的,预备的
рекомендовать/порекомендовать 推荐
рельс 钢轨,轨道
ремень 皮带,皮条
ровно 平均地
рост 身高;身材
рот 嘴
руина (复数)遗址,废墟
рюкзак 背包
розетка 插座
регулировать/отрегулировать 调整
ремонт 修理
ручка 把手,手柄

С

сигнализация 信号设备,报警器
салют 烟花
самообслуживание 自助
сбор 收集,税费,手续费
свежесть 新鲜程度
свет 光;灯光;世间

светлый 明亮的,浅色的
своевременно 及时地
связываться/связаться (с кем-чем) 同……联系
сдавать/сдать 移交,交付
сдача 零钱
середина 中部
серия 系列,套
сертификат 证明
сигарета 香烟
сигнал 信号
сигнализация 信号设备,报警器
сиденье 座椅
символизировать 象征
системный 系统的
сканер 安检仪
скорость 速度
сканирование 扫描
скользкий 光滑的,溜滑的
слабость 虚弱,无力
следить (за кем-чем) [未]注视,观察,看护
следовать (за кем-чем) 跟随,随着;(кому-чему) 遵循
сложность 复杂
служить 服务
смежный 相邻的,邻接的
смена 更换,换班
снегопад 降雪
снимать/снять 拿下,取下,摘下
соблюдать/соблюсти 遵守
советовать/посоветовать (кому-чему) 建议
совпадать/совпасть (с кем-чем) 与……相符
согласно [前] (чему) 根据,按照
сокращение 减少,缩短
сокровище (常用复数)珍宝
солнцезащитный 防晒的,遮阳的
сообщать/сообщить 传达,通知,通告
сопровождать/сопроводить 陪伴,伴随

составлять/составить 是……,系……,共计……
соседний 临近的
соскальзывать/соскользнуть (с кого-чего) 滑落,滑下
состав 列车
сотрудник 工作人员
сохраняться/сохраниться 储存
специальный 专业的,专门的
специфика 特点,特色
спешить/поспешить 赶,忙于,急于,着急
спинка 靠背;后背
справляться/справиться 胜任,能完成
справочный 问询的
спрей 喷雾器
спускаться/спуститься 下来,下降
срабатывание 响应,起爆
средство 设备,方法
срочно 紧急
срочный 紧急的,迫切的
ставить/поставить 放置
стаканчик 小杯子
стела 石碑,石柱
стойка 柜台
стоимость 价格,价钱,费用
столик 小桌板
столица 首都
строго 严格地
сувенир 纪念品
суетиться [未]奔忙,忙乱
сухость 干燥,干旱
существовать 有,存在
сходить [未]去一趟

Т

табло 显示屏幕
тактильный 触觉的
тайфун 台风

талант 才能,人才
тамбур (客车的)通过台,连廊,折棚
тело 身体
тележка 小推车
температура 温度,体温,发烧
технология 技术
термос 保温杯
термоконтейнер 保温箱
термометр 体温表
терпеливый 耐心的
терракотовый 赤陶色的,赤土色的
терять/потерять 丢失,遗失
тип 类型
торможение 制动
толпиться [未]拥挤,聚集,成群
торопиться/поторопиться 急忙,赶时间
травма 创伤,损伤
травмирование 受伤,外伤
транзитный 转接的
транспортировка 运输,运送
требоваться 需要
трогать/тронуть 触摸
трость 拐杖
трудоёмко 复杂地;吃力地
трясти [未]摇晃,晃动
турникет 自动闸机
тяжёлый 重的
тянуть/потянуть 拉,拽

У

убирать/убрать 打扫
уведомление 通知,公告
увеличиваться/увеличиться 提高,增加
угрожать 威吓,威胁
удобно 方便
удостоверение 证明书,证件
узнавать/узнать 打听,了解
указатель 标志,标志牌

улучшение 改进,提高
умывальник 洗漱台
унитаз 坐便器
уникальный 独特的
управление 管理,控制
управляемый (кем-чем) 由……操纵,由……驾驶
услуга 服务
угроза 威胁,危险
успевать/успеть 赶得上,来得及
устраивать/устроить 对……合适,使满意
устройство 装置,设备
утерянный 丢失的
уходить/уйти 离开
ушибать/ушибить 碰伤;打疼
уступать/уступить (кому-чему) 让出,让给

Ф

фастфуд 快餐
фирменный 有特色的;特产的

Х

хлопотно 麻烦;费事
ходьба 步行
хранение 保存,存放
хранить [未]保存,保管,存放

Ц

ценный 贵重的,宝贵的

Ч

чек 小票
чемодан 行李箱
чудо 奇迹
чужой 别人的

Ш

шторм 暴风雪

шторка 调光板, 窗帘
штраф 罚款
шум 噪声
шуметь ［未］喧哗

Э

эволюция 演化, 进化

экран 屏幕
экскурсовод 导游
эксплуатационный 运行的
эксплуатироваться 运行, 经营
экстренный 紧急的, 意外的
электроприбор 电器设备, 电气仪表
эскалатор 扶梯